엄마, 아빠 사용 설명서

엄마, 아빠 사용 설명서

초판 1쇄 2017년 6월 30일
초판 3쇄 2020년 12월 28일

글쓴이 공일영
그린이 주미

펴낸이 조영진
펴낸곳 고래가숨쉬는도서관
출판등록 제406-2012-000082호
주소 경기도 파주시 회동길 329(서패동) 2층
전화 031-955-9680~1
팩스 031-955-9682
홈페이지 www.goraebook.com
이메일 goraebook@naver.com

편집 이규수
디자인 인디나인

글 ⓒ 공일영 2017 | 그림 ⓒ 주미 2017

ISBN 979-11-87427-39-1 04370
     978-89-97165-85-8 04080(세트)

이 도서의 국립중앙도서관 출판시도서목록(CIP)은 서지정보유통지원시스템 홈페이지(http://seoji.nl.go.kr)와
국가자료공동목록시스템(http://www.nl.go.kr/kolisnet)에서 이용하실 수 있습니다. (CIP2017012107)

KC **품명:** 도서 | **전화번호 :** 031-955-9680 | **제조년월 :** 2020년 12월
제조국명: 대한민국 | **제조자명:** 고래가숨쉬는도서관
주소: 경기도 파주시 회동길 329 2층 | **사용 연령:** 9세 이상
* KC마크는 이 제품이 공통안전기준에 적합하였음을 의미합니다.

엄마, 아빠
사용 설명서

공일영 글 | 주미 그림

고래가
숨 쉬는
도서관

차 례

아이들에게는 설명서가 필요하다. 배워야 할 것도 너무 많고 신경 써야 할 것도 너무 많다. 『엄마, 아빠 사용 설명서』는 아이의 시선에서 부모님을 어떻게 '사용'할 것인가, 부모님은 어떤 사람인가에 대한 본질적인 질문부터, 용돈이 필요할 때는 어떻게 해야 할까? 학원에 가기 싫을 때는 어떻게 할까? 등의 아이들이 살아가면서 계속 접하게 되는 고민에 대한 구체적인 행동 설명을 자세하게, 친절하게 풀어내고 있다. 가족의 기능이 약해질수록 가족의 가치는 소중해진다고 믿는다. 이 책을 읽고 많은 아이들이 부모님을 잘 사용할 수 있기를, 또 부모님은 자녀가 사용하는 대로 기대치를 한껏 맞춰 주길 기도해 본다.

김차명[정왕초등학교 교사, 참쌤's 콘텐츠스쿨 대표]

가정이 붕괴되고 있다. 가족들 사이의 정과 나눔은 점점 줄어들고 있다. 어제 오늘의 일이 아니다. 산업화와 핵가족화로 인한 부모와 자녀 사이 대화 단절이 그 주된 이유일 것이다. 그렇다면 대화 단절을 어떻게 극복할 수 있을까? 바로 이 책에서 그 해답을 얻을 수 있다. 특히 "아빠를 재판장으로 사용할 때" 부분은 그동안 저자가 이 문제를 얼마나 깊게 고민해 왔는지 보여 준다. 삶의 경험과 배경이 달라 발생할 수 있는 충돌 예방을 위한 훌륭한 지침서이다. 모든 엄마, 아빠들에게 이 책을 권한다.

손수호[변호사, 법무법인 현재 강남분사무소 대표, 이세돌 9단 고문변호사]

아이들은 아이들이다!

아이는 그저 아이일 뿐인데 우리는 언젠가부터 아이들을 작은 어른처럼 대하는 태도를 보이기도 한다. 아이들이 살아가기 좋은 사회인가 아닌가의 결정은 결국 그 아이의 삶이 그 순간 최선을 다할 수 있는 분위기와 여건이 되는가로 결정되고 그러한 결정에 가장 중요한 요인 중 하나는 아이가 아이답게 살아갈 수 있다는 전제일 것이다. 그런 의미에서 이 책이 가진 의미는 특별하다. 어른의 입장으로 읽으면 너무도 당연한 이야기 같지만 아이의 입장이 되어 보면 이 책의 내용들이 자신의 모습을 돌아보고 생각하고 행동하는 데 도움을 주리라 생각한다. 특히 저자 스스로 좋은 아빠이자 열심히 살아가는 교사인 것을 너무도 잘 알고 있기에 이러한 이야기들이 충분히 현실성 있게 다가선다. 모든 행복은 멀리 있는 것이 아닌 바로 우리 집에 있다는 저자의 생각에 동의하며 아이들이 자신의 삶을 더욱더 슬기롭게 살아가는 데 좋은 지침서가 되리라 기대한다.

이경원[모당초등학교 교사, 『교육과정 콘서트』 저자]

저자는 독특한 사고를 제안하고 있다. 관계라는 것은 일방적인 것이 아니다. 부모와 자식의 관계에서도 일방적인 부모의 희생을 너무나도 당연한 것으로 전제해 왔던 것이었는지 모르겠다. 그런 점에서 이 책은 아이들뿐만 아니라 어른들에게도 신선하게 다가온다. 아이들은 가장 먼저 관계를 맺게 되고 가장 끈끈하게 이어진 부모와 잘 지내는 방법을 배움으로써 다른 관계에서도 성공할 수 있을 것이다. 어른들에게도 일방적인 희생이 아니라 자신들도 이해받아야 할 존재이며 그래야 건강한 가족이 가능하다는 것을 다시 생각하게 한다. 저자의 독특한 시선과 삶의 태도가 엿보이는 재미있는 내용이지만 가족의 의미와 관계에 대해서 다시 생각하게 하는 결코 가볍지 않은 좋은 책이다.

이성대[신안산대학교 교수, (사)교육연구소 배움 이사장]

'엄마, 아빠 사용 설명서'라는 제목을 보고 한참을 웃었던 기억이 있다. 저자 스스로 아들 둘을 둔 부모임에도 대한민국의 모든 부모들을 배신하고 아이들 편에 선 것이다. 그것도 모자라 '엄마, 아빠 사용 설명서'라는 제목의 뻔뻔하고도 익살스러운 지침서를 통해 아이들에게 상황별로 부모를 이용하는 정보를 제공해 주고 있다. 저자는 자신의 진솔한 경험을 바탕으로 살아 있는 이야기들을 낯설지 않고 누구라도 적용하고 실천할 수 있게 정리해 주고 있다. 또한, 자녀에 대한 기대와 욕심을 조금만 내려놓고 부족한 것을 채워 주는 것이 부모의 역할이며, 자녀의 행동을 바꾸는 것은 훈육이 아니라 관계라고 당부하고 있다. 『엄마, 아빠 사용 설명서』는 자녀들의 마음과 욕구를 이론적 토대를 바탕으로 사례별로 면밀하게 분석한 책이며, 자녀들과

반복되는 힘겨루기에 지친 부모들에게, 또 이러한 부모들이 이해가 되지 않는 우리 아이들에게 서로의 마음을 되돌아보게 할 사랑스런 책이라 확신하며 일독을 권한다.

이수영[더불어민주당 부대변인]

지금은 숫자가 아니라 말과 글로 평가받는 시대다. 시험 성적이나 상을 받는 것보다 그 동기와 과정을 학생부와 자기 소개서로 증명하고, 면접으로 확인해야 대학과 직장도 갈 수 있는 우리 아이들. 그들은 100년 이상을 인류 최초로 인공 지능이 탑재된 로봇과 경쟁하고 살아야 하는 세대다. 우리 아이들이 잘하고 좋아하는 재능을 찾아 그 꿈을 스스로 이룰 수 있도록 키우는 역할은 온전히 부모와 선생님의 몫이다. 스마트 교육 교사로 유명한 공일영 선생님은 아이들과의 소통에 주목한다. 소통은 일방통행이 아니다. 서로를 이해하는 것부터 출발한다. 아이들은 하기 싫어서가 아니라 무엇을 어떻게 해야 하는지 모를 뿐이다. 과연 우리들은 아빠로서 무엇을 했을까? 저자는 아빠의 가슴속에 있는 이야기가 무엇인지, 아빠는 어떻게 생각하는지 두 아이의 아버지로서, 선생님으로서의 경험을 바탕으로 사용법을 알려 주며 자신의 꿈을 어떻게 정하고, 키워 나가는지 그 방향을 제시한다. 방향이 틀리면 속도는 아무리 빨라도 소용없다.

조근주[아비투스 재능봉사단 이사장, 전 MBC 기자, 조선일보 진로진학 연구소장]

초등학교 고학년만 되어도 끊어지는 가족끼리의 대화와 함께하는 시간들. 『엄마, 아빠 사용 설명서』는 자녀가 부모를 이해하고 가까워질 수 있는 방법을 알려 주어 관계를 회복할 수 있게 해 주는 책이다. 아빠와 딸이 몸과 영혼이 바뀌면서 서로를 이해한다는 영화도 있었지만 그런 동화 같은 이야기가 아니라도 이 책을 조금씩만 따라하고 실천해 본다면 부모님은 나의 최고의 친구이자 동반자가 될 것이고, 부모님은 자녀를 이해하고 대화하며 행복하게 지낼 수 있을 것이다. 바쁘다는 핑계는 이제 그만~! 오늘부터 하나하나씩 실천해 보자.

조기성[계성초등학교 교사, 『집에서 따라잡는 엄마표 스마트 수업』 저자]

엄마, 아빠와 친해지기? 엄마, 아빠만 바라보던 아이가 혼자 뭔가를 해 보고 싶고, 자유롭고 싶어 하는 마음이 어디선가 싹트면 잘 지내던 엄마, 아빠와 서먹해질 수 있어요. 엄마, 아빠도 어느 순간에 달라져 버린 아이의 모습에 당황하기도 하죠. 『엄마, 아빠 사용 설명서』는 이런 부모의 마음을 담아 성장하는 아이에게 좀 더 도움이 되려는 마음을 담아 쓴 책이랍니다. 늘 당연하게 생각하고 늘 함께할 거라 생각하던 엄마, 아빠 그리고 아이의 관계를 아이의 눈으로 바라보며 어떻게 하면 좋을지 친절하고 자세하게 풀어놓은 책입니다. 아이의 자람과 변화에 마음 졸이는 부모님에게도 권해 드리고, 부모와 새로운 관계 맺음을 하고 싶어 하는 아이에게도 권해 드립니다. 부모와 아이가 이 책을 함께 읽으며 조금은 멀어졌던 부모와 아이와의 마음의 사이를 더 좁혀 보는 행복한 시간이 되길 바랄게요.

차승민[실천교육교사모임 부회장, 『선생님 사용 설명서』, 『학생 사용 설명서』 저자]

공일영 선생님은 전작 『프로젝트 수업, 교육과정을 만나다』로 처음 알았다. '프로젝트 수업' 전문가로 알았는데, 베트남 호치민시 한국국제학교로 파견가시더니 두 아이 시운이와 현서와의 행복한 나날을 페이스북으로 자랑하곤 하셨다. 교육부에서 해마다 치르는 국가 수준 학업 성취도 평가 결과, 기초 학력이 높은 아이들의 가장 큰 공통점은 '부모와 대화의 시간이 많다' 라고 한다. 그런 점에서 이 책에 나오는 '10분 대화하기' 는 정말 공감되었다. 그리고 아빠가 집에 일찍 오셨을 때, 피곤하신 아빠에게 휴식을 주면서도 아빠가 일찍 와 반가운 마음을 표현하자는 글에는 바쁘기만 한 대한민국 아빠로서 위로받는 느낌마저 들었다. 『엄마, 아빠 사용 설명서』는 시운이와 현서 두 자녀와 나누는 대화체의 글로 도발적인 제목과 달리 친절하기만 한 '엄마, 아빠 사용 안내서' 였다. 마지막 엄마, 아빠 사용 10계명의 첫 계명처럼, 좋은 관계를 위해서는 올바른 이해를 권하는 글에서 토드 휘태커의 '먼저 마음을 얻어라, 그 다음에 가르쳐라' 라는 문장이 떠올랐다. 그 문장만큼 오래 여운이 남는 책이다.

허승환[난우초등학교 교사, 교육자료 공유 사이트 예은이네 운영자,
2000년 교육부문 신지식인 선정]

'사용 설명서' 란 무엇일까?

우리가 어떤 제품을 구매하게 되면 그 속에는 제품에 대한 사용 설명서가 들어 있다. 그것은 구매한 제품을 효율적으로 활용하기 위한 안내서로, 제품의 특징부터 어떻게 사용하는지에 대한 정보, 주의 사항 등이 포함되어 있다.

"엄마, 아빠 사용 설명서"는 무엇인가?

산업화를 지나고 정보화 시대를 거쳐 가면서 가족 간 소통의 단절과 생각의 차이는 점점 심해지고 있다. 그 간격을 좁히기 위해서 필요한 것은 서로에 대한 관심과 이해일 것이다. 그런 측면에서 "엄마, 아빠 사용 설명서"는 서로의 관계를 긍정적으로 변화시키고 관심과 이해를 높이기 위한 긍정 관계 지향을 위한 안내서로 볼 수 있다.

이 책에서는 엄마, 아빠가 좋아하는 유형의 행동을 이야기하고, 서로 부딪힐 수 있는 상황에 대해 알려 준다. 그리고 해결 방법을 안내

하며 유의미한 행동을 실천할 수 있는 방법을 제시하고 있다. 엄마, 아빠 사용 설명서를 나누는 것은 큰 의미가 없을 수도 있다. 엄마가 할 수 있는 일은 아빠도 할 수 있는 일이고, 엄마, 아빠의 성향이나 성격은 집마다 다르기 때문에 역할을 구분할 필요는 없다. 여기서는 이해를 돕기 위해 엄마와 아빠 사용 설명서를 나누었을 뿐 엄마 사용 설명서에 아빠를 대입하거나 그 반대로 해도 내용을 이해하는 데 큰 문제가 없다.

'가족' 이라는 울타리 안에서 "엄마, 아빠 사용 설명서"를 효과적으로 활용하여 서로에 대한 관심과 이해의 폭을 넓히고 우리 가족부터 실천하여 화목한 가정을 이루었으면 하는 바람으로 이 책을 썼다.

행복은 멀리 있는 것이 아니라 우리 집에 있다.

2017. 6
공일영

제1장
엄마, 아빠에 대하여 알아보자

| 엄마, 아빠 어렸을 적에

부모님 시운아, 현서야 안녕? 혹시 너희 엄마, 아빠가 어렸을 적에 어떻게 보냈는지 아니? 이제부터 함께 이야기해 볼까?

엄마, 아빠 어린 시절은 지금 시운이와 현서가 보고 만지고 경험하는 것들과 많은 차이가 있단다. 옛날에는 컴퓨터도 없었고 당연히 휴대 전화도 없었지.

아이들 우아, 그럼 엄마, 아빠는 무엇을 하고 놀았어요? 엄청 심심했을 것 같아요.

부모님 물론 지금처럼 컴퓨터 게임을 하거나 스마트폰을 가지고 놀 수는 없었지만 밖에서 친구들과 뛰고 뒹굴며 재미있게 놀았지. 엄마는 친구들과 공기놀이, 고무줄놀이, 인형놀이 등을 하며 놀았고 아빠는 오징어놀이, 닭싸움, 공차기, 땅따먹기, 자치기 같은 놀이를 해가 지도록 하며 여러 친구들과 어울려 놀았어. 엄마, 아빠가 어렸을 적에는 텔레비전이 없는 집도 있었단다.

아이들 어? 그럼 〈무한도전〉이나 〈런닝맨〉 같은 방송을 볼 수 없었어요?

부모님 엄마, 아빠가 어렸을 적에 인기 있었던 방송은 〈전설의 고향〉이나
〈엄마 찾아 삼만리〉, 〈말괄량이 삐삐〉, 〈독수리 오형제〉 같은 프로그램이
었지. 그중에서도 〈전설의 고향〉은 밤에 방송이 나오는데 처녀 귀신이나 꼬
리가 아홉 달린 구미호가 나와서 아주 무서웠단다. 그래서 텔레비전이 있는
집에 함께 모여 방송을 보곤 했어. 특히 방송을 보고 무서워서 화장실을 혼

자 못 갔단다.(시골은 화장실이 집 밖에 있었거든.)

그래서 엄마, 아빠는 친구들이 아주 많지. 지금처럼 아이들이 혼자 있는 시간보다 친구들과 어울리고 가족들과 함께하는 시간이 많았단다.

할아버지, 할머니와 함께 사는 친구들도 많았었지. 학교 갔다 집에 돌아오면 반갑게 맞아 주시는 할아버지, 할머니가 늘 친구처럼 이야기도 많이 해 주시고 장난도 받아 주시곤 했어. 요즘 아이들이 텅 빈 집에 혼자 들어오는 모습들을 생각하면 마음이 많이 아프단다.

아이들 저희도 할아버지, 할머니와 함께 있었으면 좋겠어요. 맨날 맛있는 것도 먹고 옛날이야기도 듣고…….

부모님 엄마, 아빠가 어렸을 적에는 가족들이 함께 모여 살고 마을 어르신들과도 함께 보내는 행사들이 많았단다. 마을 어르신 생신날이면 마을 회관에 동네 사람들이 모여 함께 음식을 만들어 먹으며 축하해 주며 기쁨을 나누었고 어느 분이 하늘나라로 가시기라도 하면 마을 전체가 슬픔을 나누었었지.

'기쁨을 나누면 배가 되고 슬픔을 나누면 반이 된다.' 라는 말처럼 마을 사람들은 기쁨과 슬픔을 서로 나누며 어울려 지냈단다. 시운이와 현서도 친구들이나 이웃들과 함께 기쁨과 슬픔을 나누며 서로 위해 주고 아껴 주는 마음을 가졌으면 해.

부모님 엄마, 아빠가 어렸을 적에는 무엇으로 공부했을까?

시운이와 현서 친구들은 학교가 끝나면 많은 학원을 다니지? 저녁도 길거리 음식으로 대충 먹고 몇 개의 학원을 돌면서 수업을 듣느라 고생이 많은 친구들도 있더구나. 엄마, 아빠가 어렸을 적에는 우선 학원이라는 것이 많지 않았어. 학교에서 선생님과 함께하는 공부가 대부분이었단다. 모르는 부분은 친구들에게 물어보면서 서로서로 배워 나가고 선생님께 여쭤 보면서 배울 수 있었단다. 시운이와 현서도 선생님께 많이 여쭤 보는 것이 좋을 거야. 그러면 선생님께서 친절하게 가르쳐 주실 뿐만 아니라 선생님과 친해질 수 있는 방법이기도 하지.

학교에서는 선생님 말씀을 집중해서 들어야 했고 그렇지 못한 친구들은 성적이 떨어지곤 했지. 학교 공부만으로는 부족하다고 생각되는 친구들은 서점에 가면 참고 도서와 문제집이 있어 그것을 이용하곤 했단다. 주로 다니는 학원은 운동을 배우거나 음악, 미술 학원 정도가 있었지만 그것도 관심 있고 좋아하는 친구들이 다녔던 거지.

아이들 우아! 그럼 놀 시간도 많았겠네요? 부러워요!

부모님 시운이와 현서가 부러워할 수도 있지만 엄마, 아빠는 더 많은 경험을 하지 못했던 부분이 조금은 아쉽단다. 그렇다고 마냥 놀기만 한 것은 아니지. 숙제도 해야 하고 집안일도 거들어야 했단다. 또 밤 9시가 되면 새나라의 어린이는 일찍 자고 일찍 일어나야 한다는 안내 방송이 텔레비전에서 나와 잠을 자야 했지. 지금은 너무 늦은 시간까지 잠을 안 자는 친구들이 많은 것 같구나. 일찍 자고 일찍 일어나야 건강해지고 나만의 시간을 가질 수 있단다.

2 엄마, 아빠는 나에게 무엇을 원하실까?

부모님 황제펭귄 이야기를 아니? 황제펭귄은 엄마 펭귄이 알을 낳으면 아빠 펭귄이 추운 겨울에 얼지 않도록 알을 발등에 올려 따뜻하게 품어 준단다. 그동안에 엄마 펭귄은 먹을 것을 찾아 먼 바다까지 나가 영양을 보충하고 건강한 몸으로 돌아오지. 아빠 펭귄은 오랜 시간을 먹지도 않고 품고 있느라 기운이 다 빠져 버리고 엄마 펭귄이 돌아왔을 때는 기력이 다해 더 이상 살 수가 없게 된단다.

아이들 배가 고프면 먹을 것을 먹으면 되지요~. 알은 잠시 내려놓고요~. 난, 배고픈 건 못 참겠던데…….

부모님 아빠 펭귄이 왜 그랬는지 생각해 보렴.
사람이 살아가면서 무엇인가를 바라고 희망하는 건 당연한 일이야, 엄마, 아빠는 너희에게 무엇을 원하실까? 엄마, 아빠는 무엇보다도 너희가 건강했으면 한단다.

건강하기!

부모님 우리 아이들이 건강하게 자라는 것이 제일이겠지?

시운이와 현서도 병원에 입원해서 치료를 받은 적이 있으니 잘 알 거야. 병원에 입원해 있는 동안 주사를 맞는 너희는 싫어서 울곤 했지만 옆에서 지켜보는 엄마, 아빠는 어떻게 해 줄 수 없어 더 마음이 아팠단다.

세상에 아무리 맛있고 좋은 것이 있어도 건강하지 않으면 소용이 없지.

건강하게 자라려면 잠을 푹 자야 한단다. 일찍 자야 잠자는 동안에 몸을 치유해 주는 호르몬이 활동을 하거든. 그리고 규칙적인 생활을 해야겠지? 하루에 30분이라도 줄넘기나 공놀이 등 운동을 하면 몸이 튼튼해지고 아픈 곳이 없어질 거야.

그리고 음식을 골고루 잘 먹어야겠지? 몸에 필요한 각종 영양소를 충분하게 공급해 줘야 몸이 건강하게 자란단다. 시운이와 현서는 편식하지 않고 잘 먹어서 건강한 거야.

시운이와 현서는 엄마, 아빠에게 원하는 것이 뭘까?

아이들 장난감이요~ 게임기요~ 스마트폰이요!

부모님 너희는 어떤 물건을 원한다고 이야기하지만 엄마, 아빠가 원하는 것을 특정 물건으로 이야기하기는 어렵단다.

바른 성품!

부모님 건강 그다음으로 너희에게 바라는 것은 바르게 자라기를 바라지.

사람이 사람들과 어울려 살아가는 곳이 사회이고, 사회 구성원으로서 좋은 세상을 살아가기 위해서라면 다른 사람들에게 피해를 주거나 힘들게 하면 안 되겠지?

내가 무엇을 바라기보다는 무엇을 해 줄 것인지를 먼저 생각해 보는 것이 좋을 거야. 사람이 무엇인가를 바라면서 상대방을 대한다면 나중에는 실망이 클 거란다.

친구들과의 관계에서도 마찬가지야. 친구들과 사이좋게 지내는 것은 좋지만 욕을 하거나 심하게 장난하고, 친구들을 놀리는 것은 좋지 않겠지?

그리고 시운이와 현서는 어른을 보면 인사를 잘하지? 인사를 잘하면 칭찬을 받는 경우가 많단다. 인사하는 데 힘이 드는 건 아니잖아. 웃는 얼굴로 인사를 해 봐. 웃는 얼굴은 좋은 기억으로 남게 된단다. 큰 소리로 씩씩하게 인사하면 어떨까?

꿈과 비전을 가져라!

부모님 시운이와 현서는 꿈이 뭐야?

시운이는 외교관이 되어서 세계 여러 곳을 다니고 어려운 사람들을 위해 봉사하며 대한민국을 알리는 일을 하고 싶다고 했는데, 현서는 어때?

꿈은 나를 발전시키는 힘이 된단다. 꿈이 없

으면 무엇을 해야 할지, 왜 해야 하는지 몰라 힘이 들지만, 꿈이 있다면 고민을 덜 하고 자신의 길을 찾아갈 수 있거든.

하지만 꿈이 나를 이롭게 하는 것이라면 비전은 나와 다른 사람 모두를 이롭게 하는 것이란다.

"나는 의사가 될 거야!" 이것이 꿈이라면 "나는 의사가 되어서 돈이 없어 의료 혜택을 받지 못하는 많은 사람들을 위해 아픈 곳을 치료해 주고 함께 건강하게 생활할 수 있도록 해 줄 거야!"는 비전이 되는 것이지.

무엇을 하고 싶다는 꿈을 꾸는 것은 참 좋은 일이고 그 꿈에서 한 걸음 더 나아가 함께 행복한 세상을 만들어 가고 싶다는 비전을 갖는 것은 더욱 멋진 일일 거야.

시운이와 현서도 꿈과 비전을 이야기해 보자!

엄마, 아빠는 꿈과 비전을 가슴에 품고 건강하고 바른 인성으로 자라나는 시운이와 현서가 되기를 원한단다.

제2장
엄마, 아빠와 친해지기

1 엄마, 아빠가 좋아하는 아이

'고슴도치도 자기 자식은 예쁘다!'

'열 손가락 깨물어 안 아픈 손가락 없다!'

무슨 뜻일까?

엄마, 아빠는 모든 아이들을 사랑한다는 뜻이란다. 특별하게 좋아하는 아이가 있는 것은 아니란다. 어린이가 어린이다운 모습을 보일 때가 가장 좋은 거야.

친구, 자매들과 사이좋게 지내는 아이

엄마 아빠와의 관계, 형제자매들과의 관계, 친구들과의 관계 속에서 때로는 기쁘고, 때로는 슬프기도 하겠지만 자신의 기분이 상했다고 무턱대고 화내고 짜증내면 상대방도 같은 반응을 할 거야.

"동생이 자꾸 말을 안 들어요", "친구가 하는 말들이 짜증나요." 이런 말을 하기 전에 동생이나 친구의 긍정적인 면을 먼저 보려고 해 봐.

어른들께 공손하고 인사 잘하는 아이

인사를 잘하면 상대방이 웃을 수 있고 웃는 얼굴로 나를 대하니 서로에게 좋은 행동이야. 먼저 큰 소리로 인사하는 연습을 해 보자꾸나. 아마 시운이 와 현서도 기분이 매우 좋아질 거야. 물론 인사를 받는 사람도 기분이 좋아 지지.

약속을 잘 지키는 아이

약속은 다른 사람과의 약속도 있지만 자기 자신과의 약속도 있단다. 타인과의 약속이든 자기 자신과의 약속이든 약속을 잘 지키는 사람에게 믿음이 간단다. 약속을 잘 지키면 성실하다고 주위에서 언제든 인정받을 수 있지. 친구와의 사소한 약속이라도 소중하게 생각하는 마음과 행동을 갖는다면 더 많은 친구들이 생길 거야.

음식을 골고루, 맛있게 먹는 아이

음식을 골고루 먹어야 다양한 영양소를 섭취하고 건강해질 수 있겠지?

엄마, 아빠는 아이들의 건강을 가장 바란단다. 다양한 종류의 음식을 골고루 먹는다면 건강해지고, 체력이 좋아져 하고자 하는 것들에 대한 자신감도 생긴단다.

다른 사람을 배려할 줄 아는 아이

배려는 다른 사람이 내 도움으로 인해 어떤 일을 쉽게 해내는 과정이라할 수 있단다. 우선은 가족 구성원끼리 서로 배려하고 웃어 주는 가정이 될 수 있도록 하고 나아가 이웃과 지역으로 확대시켜 나가면 반드시 밝은 세상이 올 거야.

2 엄마, 아빠와 친해지는 기술

"우리 아빠는 너무 무서워!"
"우리 엄마는 너무 잔소리가 심해!"

어떻게 하면 엄마, 아빠와 친해질 수 있을까?

엄마, 아빠는 매일매일을 바쁜 일상 속에서 생활하고 있단다. 마음은 너희와 늘 함께하며 재미있게 웃으면서 지내고 싶지만 직장에서의 스트레스와 이런저런 고민들로 마음이 편할 날이 많지 않아.

그래서 너희의 적극적인 자세가 필요하지.

너희는 엄마, 아빠와 하루에 얼마나 이야기를 하니? 5분? 10분?

대부분의 친구들은 엄마와 마주하는 시간이 아빠와 함께하는 시간보다 더 많을 거야. 하지만 엄마와 이야기 나눌 시간이 있더라도 점점 커 가면서 이야기하는 시간이 많이 줄어들 거야.

엄마와 아빠가 너희와 함께하고 싶은 마음을 표현하고 싶어도 너희가 피하는 경우도 있지?

아주 작고 사소한 이야기라도 하루 동안에 있었던 일들을 엄마나 아빠에게 이야기를 하면서 공감대를 만들어 가는 것은 매우 중요해. 생활 속에서 서로 공유하는 부분이 있다면 상대방을 이해하고 더욱 가깝게 지낼 수 있을 거야.

엄마, 아빠의 손을 꼭 잡고 산책을 해 봐! 서로의 체온을 느끼며 좀 더 가까워질 수 있을 거야. 산책을 하며 평소 이야기하지 못했던 부분들을 이야기 나누고, 돌아오면서 간식을 먹으며 대화하는 시간을 갖는다면 어떨까? 물론 건강에도 좋겠지?

산책하는 동안에는 다양한 위험으로부터 서로를 지켜 주고 싶은 마음이

들기 때문에 몸과 마음의 거리가 가까워질 수 있단다.

엄마, 아빠의 이야기 친구가 되어 주자.

엄마, 아빠도 너희가 상상하는 것보다 힘든 일이 훨씬 많단다. 너희보다 훨씬 많지. 하지만 마음을 열고 이야기 나눌 사람들이 많지 않아. 그러니까 너희가 친구가 되어 엄마, 아빠의 고민을 들어주고 상담사가 되어 보는 거야.

이야기를 나누다 보면 전보다 더 가까워지고 친해질 수 있단다.

이제부터 너희가 엄마, 아빠의 이야기 친구가 되어 줄래?

엄마, 아빠와 친하지 않다고 생각하면서 함께하는 시간도 갖지 않으려고 한다면 너희가 나중에 엄마, 아빠에게 다가가려고 해도 다가가기 쉽지 않을 거야. 그러니까 이야기 나누고 함께 보내는 시간을 많이 만들어 보자. 그것이 엄마, 아빠와 친해지는 아주 좋은 기술이지.

지금 당장 엄마나 아빠가 옆에 계시면 "엄마, 아빠 감사합니다!" 하고 말을 한번 걸어 봐.

아마 엄마, 아빠의 웃는 모습을 볼 수 있을 거야.

엄마, 아빠와 친해지는 기술이 정확하게 정해져 있는 것은 아니란다.

너희가 마음을 열고 엄마, 아빠에게 다가갈 준비가 되었다면 친해질 수 있는 여건이 된 것이란다.

마음을 열고 다가가 보자. 엄마, 아빠와 금방 친해진단다.

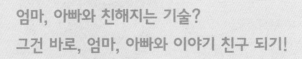

엄마, 아빠와 친해지는 기술?
그건 바로, 엄마, 아빠와 이야기 친구 되기!

3 엄마, 아빠와 친해지는 27가지 행동

아침 인사하기

아침에 처음 듣는 소리는 무엇이니? 자명종 소리, 아니면 엄마가 깨우는 소리?

엄마, 아빠와 친해지는 첫 번째 행동!

"엄마, 아빠 안녕히 주무셨어요?"

이렇게 멋지게 아침 인사를 하면서 시작하는 거야.

아마도 엄마, 아빠가 무척 좋아하실 거야. 기분 좋은 인사로 하루를 시작하면 하루가 재미있고 활기찰 거야. 물론 가족들끼리 인사 나누는 것은 가족 모두에게 기쁨과 즐거움을 주기 위한 아주 좋은 방법이란다.

너희 모두 큰 소리로 웃으면서 아침 인사를 시작해 보자.

"엄마, 아빠 안녕히 주무셨어요?"

잠자리 정리하기

"자기의 일은 스스로 하자, 알아서 척척척~ 스스로 어린이." 오래전 어느 기업의 광고에 나온 노래야. 너희는 혹시 잠자고 일어나는 방을 스스로 정리하니? 잠자기 전에 침대나 이불을 펴고 아침에 일어나면 가지런히 정리도 하고.

아침에 눈 뜨기도 힘든데 무슨 소리냐고?

이불 속이 정말 따뜻해서 나오기 싫다고?

스스로 잠자리에서 일어나고 자고 난 방을 정리해 본 적 있어?

스스로 일어나서 정리까지 한다면 엄마, 아빠가 깜짝 놀라실 거야. 너희는 스스로 무엇을 한다는 것이 얼마나 대견한 것인지 알지 못할 테지만 엄마, 아빠는 그 자체로 너희에 대한 믿음이 더욱 커지는 것이거든.

엄마, 아빠도 어렸을 적에는 스스로 이부자리를 정리하는 것이 쉽지 않았단다. 하지만 하루 이틀 하다 보면 재미있고 쉬워질 거야.

재미있는 놀이로 생각해 보면 어떨까?

캠핑을 왔다고 생각하고 이불을 정리하고 잠잘 준비를 해 보는 거야.

아침에 일어나서 이불을 정리하고 아침 식사 준비를 한다고 생각하면 재미있게 할 수 있지 않을까?

자~ 내일은 캠핑을 떠나는 거야! 장소는 바로 너희의 방이 되는 거지.

멋진 캠핑을 떠나 보자!

외출 후 손 씻기

밖에서 나갔다 돌아오면 제일 먼저 무엇을 해야 할까?

손 씻기!

밖에서 돌아오면 손에 많은 세균이 묻어 있기 때문에 손을 먼저 씻어야 한단다. 너희도 잘 알고 있지? 그런데 실제로 손을 잘 씻니? 손을 씻어야 한다는 사실은 잘 알지만 씻지 않는 친구들이 많을 거야.

손을 비누로 깨끗이 씻으면 손으로 인해 생길 수 있는 질병을 예방할 수 있어. 그러니까 밖에서 돌아오면 손부터 씻는 습관을 기르자.

동생이 있으면 동생의 손을 씻어 주면서 손을 씻어야 하는 이유를 이야기해 줘.

음식 남기지 않고 골고루 먹기

엄마, 아빠와 친해지기 위해서는 엄마, 아빠가 싫어하시는 것을 안 하는 것이 우선이겠지?

대부분의 친구들은 식사할 때 편식하지 않고 골고루 잘 먹고 남기지 않는데, 가끔 음식을 많이 남기고 편식을 하는 친구들이 있어. 시운이와 현서가 맛있게 먹는 모습을 엄마, 아빠가 보면 기분이 좋아지실 거야.

음식을 잘 먹어야 건강해지는 것은 두말할 필요가 없어. 소중하게 일해서 얻은 음식을 남기고 버린다면 얼마나 큰 손해일까?

실제로 우리나라 1년 음식물 쓰레기 처리 비용이 1조 원이 넘는다고 해. 세상에는 굶주리는 아이들이 아주 많단다. 음식의 소중함을 생각하면서 자기에게 주어진 양만큼 맛있게 먹고 남기지 않는 습관을 기르도록 하자.

오늘부터 남은 음식 없는 우리 집 만들기!

식사 후 정리하기

엄마, 아빠 어렸을 적에는 식사 시간에 아주 많은 식구들이 함께 모여 식사를 했단다. 하지만 요즘은 식구들이 적고, 온 가족이 모여 식사하는 시간도 많이 줄었지.

옛날에는 어른들이 먼저 수저를 들면 아이들이 수저를 드는 순서로 식사를 했어.

요즘은 가족이 함께 먹기도 하지만 혼자 먹는 경우도 있는 것 같더구나. 엄마, 아빠가 늦게 오시거나 학원 시간으로 바빠 밥을 제대로 먹기 힘든 경우도 있고.

식사를 한 뒤에는 너희가 먹은 그릇을 스스로 정리해 주면 어떨까? 먹고 난 그릇과 수저 등을 주방에 가져다 놓기라도 한다면 엄마, 아빠의 일손이 많이 줄어들 거야.

너희가 스스로 정리하는 모습을 보이는 것이 중요하단다. 작은 것부터 실천하면 큰 것도 할 수 있지.

형제자매와 놀기

엄마, 아빠가 매우 좋아하는 것 중의 하나가 너희가 형제자매와 사이좋게 노는 것이란다. 형제자매와 잘 노는 방법을 알려 줄까?

그건 바로, 가족들을 이해하는 거야!

동생은 너희보다 어리기 때문에 엄마, 아빠에게 떼를 쓰고 자신의 뜻이 전달되지 않으면 울어 버리는 특징이 있지. 너희도 그랬어. 그리고 자기중심적이어서 모든 것이 자기 것이어야 한단다. 하지만 이런 것들은 시간이 지나면 달라지니까 이것을 가지고 동생과 싸운다는 것은 재미없는 행동이야. 어차피 시간이 지나면 아무것도 아닌 것을 가지고 동생과 다툴 필요는 없잖아?

형이나 언니와 놀 때도 조금 양보하고 동생을 돌보아야 하는 형과 언니의 책임감을 이해한다면 서로 문제가 될 일은 없을 거야. 너희도 형이나 누나, 오빠나 언니가 될 수 있잖아?

숙제 스스로 하기

숙제를 미처 챙기지 못하고 그냥 학교에 가는 경우가 종종 있지?

알림장을 놓고 와서 숙제가 기억나지 않는다든지, 이것저것 하다 보니 숙제가 있는 것을 깜빡한다든지……. 아마 이런 경험이 다들 있을 거야.

숙제는 누가 대신 해 주는 것이 아니지?

집에 도착하면 숙제부터 하는 습관을 가져 보자. 숙제가 매일 있는 것은 아니니 잊어버리기 쉬울 거야. 그래서 알림장을 많이 이용하는데 알림장마

저도 놓고 오거나 잃어버리는 경우도 있지? 숙제를 하기 전에 숙제가 무엇인지 정확하게 알고 있어야 해. 알림장도 늘 가져오는 습관을 길러야 하고.

숙제를 하면서 필요한 것들도 많을 것이고 모르는 것들도 많을 거야. 숙제는 혼자 하는 것이 좋지만 도저히 모르는 부분은 엄마, 아빠의 도움을 받을 수도 있단다. 하지만 처음부터 엄마, 아빠에게 해 달라고 하는 것은 좋지 않아.

스스로 해 보고 부족한 부분이 있으면 엄마, 아빠에게 질문을 하면서 함께 해결해 가는 것이 좋단다.

잠자기 전 가방 정리하기

매일 아침마다 가방을 정리하다가, 혹은 정리하지 못하고 학교에 갔다가 낭패를 본 경험이 혹시 있니? 아침에 일어나기도 힘이 드는데 가방까지 정리하면서 숙제와 준비물을 챙기다 보면 아침은 말 그대로 전쟁터 같을 거야.

잠자기 전에 미리 가방을 정리하면 어떨까?

잠자기 전에 정리를 하다 보면 숙제를 했는지 안 했는지 알 수 있고 준비물을 챙겼는지 확인할 수 있단다.

매일 아침 엄마가 준비물을 챙기고 가방을 정리하는 것이 좋을까? 스스로 가방을 정리해 놓고 아침에는 조금 더 여유 있게 시간을 보내는 것은 어떨까?

아마 새로운 세상을 경험할 거야.

아침이 여유 있으면 하루가 여유 있단다.

그 여유는 온전히 너희의 자유 시간으로 활용할 수 있지.

신발 정리하기

집 안에 들어서면 가장 먼저 눈에 띄는 것이 신발장이지? 너희는 신발을 잘 정리하니?

허겁지겁 뛰어 들어와서 신발을 던져 놓고 텔레비전 앞으로 달려가는 것은 아니지?

신발장 정리가 엄마, 아빠와 친해지는 하나의 방법이 된단다.

엄마, 아빠 어렸을 적에는 신발장을 정리하고 용돈을 받기도 했지. 용돈

을 받아서 기분도 좋았지만 무엇보다 신발장이 잘 정리되어 있으면 집에 들어올 때 기분이 좋아지니까 더 열심히 했었지.

신발장을 정리하면서 엄마, 아빠의 신발을 찬찬히 바라보렴. 아마 가족을 위해 열심히 일하는 가족들의 모습을 볼 수 있을 거란다. 낡은 신발도 있고 새 신발도 있고, 여러 가지 모습의 신발들이 우리 가족의 얼굴이란다. 혹 오래되어 낡거나 때가 묻은 신발이 있다면 한번 닦거나 빨아 볼까? 아마, 기분이 상쾌해지고 좋아질 거야.

엄마, 아빠도 매우 좋아하고 고마워할 거야.

책 읽고 이야기 나누기

생각은 말을 바꾸고 말은 행동을 바꾸고 행동은 미래를 바꾸는 열쇠가 되기도 한단다. 좋은 생각을 갖게 된다면 하루하루가 재미있고 의미 있어질 거야.

서윤이가 책을 읽고 내용을 이야기하면서 생각을 정리해 보는 것은 어떨까?

책에 대한 감상을 마음에 담아 놓는 것도 의미가 있겠지만 그것을 나누는 것은 더 큰 효과가 있단다.

엄마, 아빠와도 소감을 서로 나누면서 격려해 주고 함께한다면 훨씬 친한 사이가 될 거야.

서윤: 엄마, 이 책 같이 읽어요.
엄마: 그럴까? 서윤이가 큰 소리로 읽어 보렴.

소감을 이야기하기가 쑥스러우면 글로 써 보는 것도 좋고 휴대 전화가 있으면 문자 메시지를 보내 좋은 글귀나 생각을 나누면 행복해진단다.

책의 내용을 그림으로 그리면서 정리하는 방법도 매우 좋아.

하루하루 좋은 생각으로 채워 가는 따뜻하고 행복한 가족을 만들어 보자.

10분 대화하기

시운: 엄마, 아빠와 어떻게 대화하지?

현서: 엄마, 아빠랑은 말이 안 통해서 답답해~!

시운: 좋은 방법이 없을까?

10분 대화하기! 엄마, 아빠와 친해지는 가장 효과적인 방법일 거야.

요즘에는 가족 구성원 간에 서로 얼굴을 대하는 시간이 점차 줄어들고 있고 대화의 시간은 더욱 짧아지고 있단다. 엄마, 아빠와 대화하는 시간보다 친구랑 휴대 전화로 메시지 주고받는 시간이 더 많을걸?

이렇게 해 보면 어떨까?

단어 카드를 만들어 하나씩 골라 이야기를 해 보는 거야.

카드에 학교, 게임, 친구 등 우리가 많이 사용하는 낱말을 써서 뽑은 뒤 대화를 할 수도 있고, 읽은 책이나 음식, 엄마, 아빠 어린 시절 등 키워드를 넣고 뽑아서 대화를 나누면 어색함이 덜할 거야.

10분 대화하기를 통해 엄마, 아빠에게 하고 싶었던 이야기도 하고 엄마, 아빠 이야기도 듣는 시간을 가져 봐. 서로 간에 쌓인 보이지 않는 벽을 허무는 소중한 시간이 될 수 있거든.

가족이 함께 모여 이야기 나누기 좋은 시간을 정해 10분 대화하기를 실천해 보자.

처음에는 어색하고 할 말이 없을 수도 있지만 점차 익숙해질 거고 이야기하다 보면 엄마, 아빠에 대해서도 알게 되고 나를 알릴 수 있는 시간이 될 거야.

아마 대화의 시간이 점점 길어질걸?

텔레비전 시간 정해 놓고 보기

엄마: 텔레비전 좀 그만 봐라.
시운: 이것만 보고요. 엄청 재미있어요!
현서: 형님, 엄청 재미있어요?
시운: 그럼 그럼, 텔레비전이 짱이지.

아마 많이 듣던 대화일 거야. 텔레비전을 옛날에 뭐라고 불렀는지 혹시 아니?

'바보상자!'

왜 이런 별명이 붙었을까?

텔레비전은 한번 보게 되면 넋을 놓고 계속 보게 되거든. 텔레비전을 계속 보고 있으면 다른 생각을 하지 않아서 바보가 된 것 같기도 하고. 어때? 듣기 좋은 소리는 아니지? 엄마, 아빠와 친해지기 위해서는 바보상자에 빠지면 안 된단다.

집에 돌아오면 보고 싶은 방송 프로그램들이 많이 있지? 요즘은 하루 종일 텔레비전 프로그램이 나오니 더하겠지.

텔레비전 시청 시간을 정해 놓고 보는 훈련을 해 보면 어떨까? 늦은 시간까지 텔레비전 앞에 앉아 있으면 잠도 푹 못 자고, 해야 할 일들을 못하는 경우가 많이 생긴단다.

텔레비전 속 프로그램보다 더 재미있는 우리 가정을 만들어 보는 거야. 주인공은 바로 너희와 가족들이고 다양한 프로그램을 만들어서 이야기 나누는 것이지.

이제 정해진 시간만큼만 텔레비전을 시청하고 가족과의 시간을 만들어 알차게 보내도록 하자.

저축하기

용돈은 어떻게 쓸까?

대부분의 친구들은 용돈이 생기면 갖고 싶은 장난감을 사거나, 먹고 싶은 것을 사 먹을 거야.

너희가 장차 어른이 되면 직장 생활을 하고 돈을 벌어 가족과 함께 생활을 해야 한단다. 하지만 받는 돈은 제한되어 있고 쓰고 싶은 곳은 너무나 많지. 어릴 때부터 용돈을 아껴 쓰고 저축하는 습관을 기른다면 어른이 되어 알찬 생활을 할 수 있단다.

시운: 엄마, 저축을 어떻게 해요?

엄마: 용돈을 아껴 써야겠지?

시운: 용돈이 적잖아요.

엄마: 그래서 용돈을 꼭 필요한 곳에 써야 하는 거란다. 그러면 저축을 할 수 있지.

너희가 받는 용돈이 충분하지 않더라도 꼭 필요한 것을 적은 뒤 사용하는 습관을 들이고, 엄마, 아빠 일을 도와드리며 용돈을 받는 것도 좋은 방법이란다.

'세 살 버릇 여든까지 간다.' 라는 말처럼 어릴 때부터 좋은 저축 습관을 들이는 것이 좋단다.

일일 계획 실천하기

모두들 방학 즈음에 일일 계획표를 쓰지?

방학 중 일일 계획표도 중요하지만 학기 중 계획표를 세워 지키는 것이 매우 중요해.

하루하루를 계획에 의해서 생활하다 보면 시간을 낭비하는 일이 없고 내가 하고자 하는 것에 대한 실천 의지와 그것을 이루어 낼 수 있는 기회를 많이 가질 수 있어.

하루는 누구에게나 24시간이 주어지지만 그것을 내 것으로 만드느냐는 너희가 어떻게 시간을 계획하고 보내느냐에 달려 있지.

나도 모르는 사이에 해야 할 것들을 하지도 못했는데 하루가 금방 가 버리는 일이 많았을 거야. 하루 단위로 계획을 세우고 한 달 단위로 목표를 세우고, 5년, 10년, 20년 계획을 세워 보면 어떨까?

미래의 나의 멋진 모습을 상상하면서 말이야.

물론 계획을 세울 때는 엄마, 아빠와 이야기하면서 해 보면 더욱 친해질 수 있겠지?

주말에 운동하기

'체력은 곧 국력!'

'건강한 육체에 건전한 정신이 깃든다!'

옛날에 체력의 중요성을 알리는 구호로 많이 사용하던 글이야. 체력은 매우 중요한 것이지.

  체력과 엄마, 아빠와 친해지기가 무슨 관계냐고?

  그래, 체력을 기르기 위해서는 운동을 해야겠지? 엄마, 아빠와 함께하는
하루 30분의 운동이 바로 친해지는 기술이지.

  운동은 혼자 하는 것보다 함께하는 것이 힘도 덜 들고 운동 효과도 있단
다. 재미도 있지.

엄마, 아빠와 함께 몸 풀기 게임이나 공 던지기, 배드민턴 등 함께 운동을 하다 보면 이야기할 시간이 많아지고 웃는 얼굴도 많이 볼 수 있을 거야.

꼭 거창한 운동 기구나 장비, 장소가 있어야만 운동을 할 수 있는 것은 아니니 가까운 집 앞 공원이나 놀이터, 학교 운동장에서 함께 걷기부터 시작해 보는 것은 어떨까?

공부 노트 만들기

너희가 엄마, 아빠에게 가장 많이 듣는 잔소리가 뭘까?

너희에게 가장 스트레스가 되는 것이 무엇일까?

아마 공부일 거야.

'공부에는 왕도가 없다!' 라는 말처럼 공부를 잘하기 위한 정답은 없단다. 다만 공부로 인해 스트레스가 증가하고 엄마, 아빠와의 관계가 멀어지는 것은 좋지 않단다.

이렇게 해 보면 어떨까?

나만의 공부 노트를 만들어 보자.

매일매일 공부한 내용을 정리하고 내일 해야 할 공부를 적을 수 있는 노트를 만들어 보는 거야. 공부한 내용 중에 잘 모르는 내용을 별도로 표시하고 엄마, 아빠에게 질문을 통해 답을 찾는 과정을 만들어 보자. 가장 좋은 것은 선생님 수업을 잘 듣고 선생님께 질문하는 거야.

너희가 스스로 학습 내용을 정리하고 질문하는 활동이 엄마, 아빠가 너희를 신뢰하게 만드는 방법이고 그것이 결국 엄마, 아빠와 친해지는 행동이 되는 것이지.

공부 노트 만들기를 꾸준히 한다면 성적도 분명 오를 거야.

공부 노트에서 중요한 것은 틀린 문제가 왜 틀렸는지 다시 확인해 보는 과정이야!

궁금한 것 질문하기

엄마, 아빠와 친하다는 것은 무엇일까?

이야기를 많이 나누는 것이 그중 하나일 거야.

너희가 어릴 적에는 세상의 모든 것이 궁금해서 질문을 참 많이 했단다.

> **현서**: 엄마, 이게 뭐예요?
> **엄마**: 그건, 꽃이야.
> **현서**: 꽃이 왜 빨개요?
> **엄마**: 꽃의 색깔은 매우 다양하단다.

이런 대화들 속에서 궁금한 것들을 알아 가면서 성장하는 것이지. 하지만 어느 순간부터 질문이 사라졌지?

질문하고 대답하는 과정에서 서로 좀 더 친해질 수 있단다. 질문하는 것을 부끄러워하지 말고 궁금한 것은 언제든지 물어보는 거야.

엄마, 아빠는 너희의 질문에 대답할 준비가 항상 되어 있단다. 아주 작고 사소한 것일지라도 엄마, 아빠에게 질문하고 대답을 듣는 시간을 통해 좀 더 친해지는 계기를 만들어 보자꾸나.

친구 소개하기

엄마, 아빠는 너희 친구를 몇 명이나 알고 계실까?

1명? 2명? 5명?

아마 안타깝게도 너희 친구 이름을 한 명도 모르시는 엄마나 아빠가 계실 수도 있어.

왜 그럴까?

너희가 친구들에 대해 이야기하지 않았거나, 부모님께서 친구에 대해 물어보지 않아 알 기회를 놓친 건 아닐까?

너희가 친구들을 엄마, 아빠에게 소개시켜 드리자. 친구를 엄마, 아빠가 알게 된다면 너희가 친구들과 놀고 싶다고 할 때, 누구랑 노는지 알아서 안심하실 거고 노는 것도 허락하실 거야. 하지만 친구에 대해 전혀 아는 것이 없으면 놀지 못하게 하실 수도 있어.

지금 바로 친구 이름을 엄마, 아빠에게 알려 드리자.

부탁 들어 드리기

> 엄마: 현서야~ 이 장난감들 정리 좀 해라.
> 현서: 조금 더 놀고요.
> 엄마: 이제 밥을 먹어야 하니까 정리하는 것이 좋지 않을까?
> 현서: 예. 바로 정리할게요.

엄마, 아빠도 너희가 해 주었으면 하는 것들이 있단다. 장난감 정리는 당연히 해야 되는 일이기도 하지만 부모님이 해 달라고 부탁을 하기도 할 거야. 부탁을 받은 즉시 정리를 해 보면 어떨까?

너희가 할 수 없는 것들을 엄마, 아빠가 부탁하시지는 않을 거야. 항상 엄마, 아빠가 너희의 요구 사항이나 부탁을 들어주다가 반대로 엄마, 아빠의 부탁을 너희가 들어준다면 금방 친해질 거야.

작은 부탁부터 들어 드리자!

엄마, 아빠 칭찬해 드리기

"칭찬은 고래도 춤추게 한다!"라는 말을 들어 본 적이 있니?

너희도 선생님이나 부모님께 칭찬을 들으면 기분이 좋잖아. 엄마, 아빠도 어렸을 적에는 칭찬을 많이 들었는데 어른이 되면서 칭찬 듣는 일이 많이 줄었을 거야. 회사에서는 매일같이 넘쳐나는 일 때문에 서로 칭찬하고 좋은 말을 해 주기가 쉽지 않단다.

그래도 너희는 칭찬 들을 기회가 많잖아. 너희가 엄마, 아빠의 좋은 점을 찾아 칭찬을 해 드리면 어떨까?

칭찬 스티커를 붙여 드리거나 마일리지를 쌓아 가족 간에 칭찬 운동이 전개될 수 있도록 해 보면 재미있고 서로 간에 친목이 쌓일 거야.

가장 먼저 칭찬해 드릴 것이 무엇일까?

아마, 너희가 태어날 수 있도록 결혼하신 것이 아닐까?

그다음은 함께 고민하면서 엄마, 아빠의 칭찬 거리를 찾아보자.

칭찬은 아주 작은 것부터 할 수 있단다. 오늘 입은 옷이 잘 어울린다고 칭찬할 수도 있고 외모나 목소리 등을 칭찬할 수도 있어.

집안 일 돕기

학교에서는 분리수거를 잘하지?

너희가 학교에서 배운 것처럼 집에서 분리수거를 한번 해 보자. 엄마, 아빠보다 너희가 분리수거를 정확하게 더 잘할걸?

버릴 것이 너무 많으면 부모님과 같이 해 보는 건 어때? 너희가 분리수거를 돕거나 혼자 하면 엄마, 아빠의 쉬는 시간을 만들어 드리는 것이고 그것이 결국 엄마, 아빠와 친해지는 방법이기도 하지.

시운: 엄마, 화분에 물 좀 줄까요?
엄마: 우아~ 시운이가 화분에 물도 준다고 하니 고맙네.
시운: 이 정도는 어렵지 않아요.

분리수거나 화분에 물주는 것을 동생이 있으면 동생과 함께 해 보자. 자연스럽게 너희가 동생에게 가르쳐 줄 수 있거든. 너희는 동생의 선생님이야. 너희의 행동, 말투 하나하나를 동생은 보고, 듣고, 배운단다.

이번 주 분리수거 날은 동생과 함께 해 보는 거야.

게임 함께하기

엄마, 아빠가 어렸을 적에 하던 게임이 어떤 것들인지 아니?

지금 너희는 스마트폰으로 하는 게임이나 보드게임이 많지만 옛날에는 그런 게임들이 없었지. 그래서 친구들과 어울려 몸으로 뛰고 자연에서 얻는 것들을 이용해 놀거나 전자오락실에 가야지 전자오락을 할 수 있었단다.

지금 너희가 하는 게임을 엄마, 아빠는 얼마나 알고 계실까?

너희가 엄마, 아빠에게 알려 드리자. 그 전에 엄마, 아빠가 하시던 게임에 대하여 여쭤 보고 함께 해 보는 것이 좋겠지?

연날리기, 제기차기, 공기놀이, 자치기 등등 많은 놀이가 있었으니 쉽게 할 수 있는 것부터 엄마, 아빠와 함께 해 보는 거야. 그리고 너희가 잘하는 게임을 엄마, 아빠에게 알려 드리고 함께하는 시간을 가진다면 금방 친해질 거야.

감사하다는 말 자주 하기
오늘은 엄마, 아빠 손을 꼭 잡고 감사하다고 말해 보자.

"엄마, 아빠 감사합니다!"

어색하고 쑥스럽지만 엄마, 아빠에게 진심으로 감사한 마음을 갖는다면 친해지는 것은 전혀 어렵지 않아.

너희가 이 세상에 존재하는 이유는 엄마, 아빠가 계셨기 때문이고 너희가 존재하는 것만으로 엄마, 아빠는 행복하단다. 비록 힘들 때도 있고 엄마, 아빠에게 꾸지람을 들을 때도 있겠지만 엄마와 아빠는 너희에게 관심과 사랑이 많아서 그런 것이니까 그것도 감사해야 하는 것이지.

세상의 모든 것들은 각각의 의미를 가지고 탄생하는 것이란다. 너희가 이 세상에 존재하는 것은 무엇인가를 할 수 있는 능력이 있고, 그 능력을 발휘해서 세상의 빛이 될 수 있기 때문이야.

너희가 무엇을 하든지 엄마, 아빠는 항상 너희 편이란다. 다만 너희보다 세상을 오래 살았고 경험이 많기 때문에 너희가 방황을 조금 하고, 밝은 미래를 살아갔으면 해서 잔소리도 하시고 좋은 말씀과 충고를 해 주시는 것이고.

너희가 엄마, 아빠와 좀 더 친해진다면 잔소리가 아닌 달콤한 사랑의 소리로 들릴 거야.

바르고 고운 말 사용하기

그 사람의 인격은 외모에서 나오는 것보다 대화를 통해 알 수 있단다. 겉모습이 아무리 멋있고 예뻐도 입에서 나오는 말들이 곱지 못하면 사람들에게 좋지 않은 인상을 남길 수 있는 거야.

친구들 사이에서도 마찬가지란다. 친한 사이일수록 예절을 더욱 지켜야 해. 가족이자 어른이신 엄마, 아빠에게는 더하겠지? 하지만 일부 친구들은 엄마, 아빠에게 공손한 높임말을 사용하는 것이 아니라 마치 친구를 대하는 것처럼 말을 막하는 경우도 보이더구나. 사실 이것은 좋지 않아.

서로를 존중하고 아껴 주면서 인정해 주는 감사의 말들을 가족 간에 주고받는다면 서로를 아끼는 마음이 더욱 깊어질 거야.

'말 한마디로 천 냥 빚을 갚는다!' 라는 말처럼 말을 곱고 소중하게 하려고 노력해 보자.

먼저 엄마, 아빠에게 공손하게 높임말을 사용하다 보면 자연스럽게 주위 사람들에게 고운 말을 사용할 것이고 칭찬도 많이 듣게 될 거야!

부모님 안마해 드리기

너희가 지금보다 더 어렸을 적에 엄마, 아빠는 너희가 키 크고 건강하게 자랐으면 해서 마사지를 많이 해 주셨을 거야.

너희의 건강을 바라는 마음에 "쭈까 쭈까~" 하시면서 성장판이 있는 무릎이나 발목 등을 마사지해 주셨을 거야.

가끔은 너희가 엄마, 아빠를 위해 안마를 해 드리면 어떨까?

매일 직장에서 힘들게 일하시고 돌아오시는 엄마, 아빠의 피곤한 모습을 많이 보았을 거야. 아마 어깨 근육도 많이 뭉쳐 있을 거야. 피곤하니 너희와 놀아 주고 싶어도 쉽지 않으셨을 거야.

엄마, 아빠가 힘이 나야 너희와 함께하는 시간이 많아지겠지?

자, 이제 시원하게 엄마, 아빠의 뭉친 근육을 풀어드리고 우리 가족의 막혔던 부분도 확 풀어 버리자.

어른들께 안부 전화 드리기

명절이나 생신 등 특정한 날에만 할아버지, 할머니를 찾아뵙는 것은 바람직하지 않아. 옛날에는 모두가 모여 사는 것이 대부분이어서 따로 안부 인사를 드리거나 하지 않았다면 오늘날에는 많은 가족들이 따로 살고 있기 때문에 안부를 묻는 것이 매우 중요하단다.

할아버지, 할머니와 친해지는 것은 어렵지.

영상 통화를 하거나 전화 통화를 해 보는 건 어떨까? 전화를 드려서 하루 있었던 일들을 작은 것이라도 이야기 나누면 할머니, 할아버지는 좋아하시지. 특히 자랑하거나 칭찬받을 일이 생겼을 때……. 그럼 엄마, 아빠도 기분이 좋아지시고.

많은 친구들이 어른들께 인사를 잘 안 하고 멀리하려는데 그러면 엄마, 아빠는 매우 서운해하실 거야.

왜냐하면 할아버지, 할머니가 곧 엄마, 아빠의 부모님이시잖아.

부모님을 기쁘게 해 드리면 자식으로서도 기쁘겠지?

자. 할아버지, 할머니께 전화 드리자!

꿈에 대해 자주 이야기하기

엄마, 아빠와 친해지는 기술이 많이 있을 수도 있겠지만 중요한 것은 너희의 밝은 미래를 위해 엄마, 아빠는 힘이 들어도 참고 이겨 내신다는 사실이야. 부모님들이 가장 바라는 것은 너희가 건강하게 자라서 꿈을 이루고 행복하게 사는 것일 거야.

밝은 미래를 꿈꾸고, 목표를 향해 나아가는 모습을 볼 때 엄마, 아빠는 가장 큰 힘을 얻고 힘든 것도 다 잊을 수 있는 거란다.

그런 모습을 어떻게 보여 드릴까?

부모님과 꿈에 대해서 이야기해 봐. 내가 무엇이 되고 싶고 어떤 일을 하고 싶다는 생각을 갖게 되면 나의 갈 길이 보이고 힘이 날 거야. 엄마, 아빠도 그런 너희의 모습을 보면서 대견스럽게 생각하실 거야.

시운: 나는 유엔 사무총장이 되겠습니다. 그래서 세계 평화를 위해 어려운 사람을 돕고 능력 있는 사람들이 재능을 나눌 수 있도록 하겠습니다!

현서: 나는 의사가 되겠습니다. 그래서 아픈 곳이 있어도 치료받지 못하는 수많은 사람들에게 의료 혜택을 주고 싶습니다!

꿈이 자주 변할 수도 있지만, 꿈을 간직하고 있으면 그 꿈을 부모님께 이야기해 봐. 부모님과 할 이야기도 많아지고 더 친해지게 될 거야.

제3장
엄마를 사용하는 일곱 가지 방법

대부분의 친구들은 엄마랑 이야기하는 시간이 아빠와 이야기하는 시간보다 많을 거야. 그래서 은연중에 '엄마는 잔소리꾼!' 이라는 선입견이 생기게 되지.

엄마는 잔소리꾼이 아니란다. 엄마는 너희가 가깝게 다가와 하루에 있었던 일들에 대해 이야기 나누고 기쁜 일과 슬펐던 일들을 서로 상의하며 편안하게 이야기 나누는 것을 좋아해. 이야기를 나누면서 서로 좀 더 가까워지고 이해할 수 있는 소중한 기회를 만들 수 있지. 그럼 엄마를 사용하는 방법이 무엇이 있는지 알아볼까?

1. 공부하기 싫을 때 2. 형제자매와 다툴 때 3. 외모에 신경이 쓰일 때
4. 엄마가 지쳐 보이실 때 5. 엄마가 잔소리(?)를 하실 때 6. 원하는 것을 갖고 싶을 때
7. 친구와 문제가 생겼을 때

공부하기 싫을 때

시운: 공부, 공부, 공부……. 왜 매일 공부해야 하지?

현서: 진짜, 공부 없는 세상에서 살고 싶다!

시운: 난 공부도 없고 시험도 없는 세상에서 살고 싶어.

현서: 엄마, 공부는 왜 해야 돼요?

엄마: 엄마도 어렸을 때 공부를 왜 해야 할까 생각을 많이 했단다.

공부는 우리가 살아가는 삶의 한 부분이며, 삶을 윤택하게 할 수 있어. 공부의 종류도 매우 다양하단다. 국어, 영어, 수학 같은 학교 공부도 있고 부루마블이나 마인크래프트 같은 게임을 할 때 관련된 규칙이나 기술 등을 알아 가는 것도 공부야. 요리를 하더라도 조리법을 알아야겠지? 그것도 공부라고 할 수 있어.

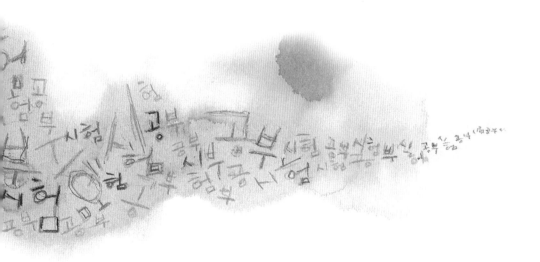

우선 공부가 하기 싫다는 것은 왜 공부를 해야 하는지 목적이 분명하지 않기 때문일 거야. 공부의 목표가 상급 학교 진학만은 아닐 거야. 우리가 무엇을 하고 싶은지를 생각해 보고 그것을 하기 위해 필요한 지식을 갖추는 것이 공부일 거야.

시운: 그래도 저는 하기 싫어요. 시간도 많이 빼앗기고, 너무 어려워요! 친구들이랑 놀고 싶어요!

엄마: 그럼, 이렇게 해 보면 어떨까? 시간을 효율적으로 활용하기 위해 공부 계획표를 같이 작성해 보는 거야. 계획표를 짜서 시간을 활용하면 친구들과 놀 수 있는 시간이 생기겠지?

시운: 그래도 공부하기가 싫으면 어떻게 해요?

엄마: '평생 공부'라는 말도 있지만 공부를 할 수 있는 시기가 있어. 지금 시운이가 해야 할 일이면서 가장 잘할 수 있는 일은 공부를 하는 거야. 해야 되는 일이라면 신나게 하는 것이 좋지 않을까?

공부 계획표로 체계적인 공부를 하기

공부 계획표를 작성할 때 엄마와 함께 생활 패턴을 살펴서 작성하면 효율적으로 만들 수 있을 거야. 중요한 것은 실천 가능하도록 만들어야 한다는 것이지. 지나치게 욕심을 부려서 실천하지도 못하게 만들면 소용없겠지?

그리고 공부를 얼마만큼 했느냐보다 내가 얼마나 알게 되었는지가 중요한 거야. 문제를 풀어서 내가 잘 알고 있는지 확인해 보는 것이 좋아. 그리고 틀린 문제가 있으면 왜 틀렸는지 확인해 보면서 다음에는 틀리지 않도록 하는 것이 효과적인 학습법이란다.

공부는 싫은 것이 아니라 우리 생활의 일부분이야.

그러니까 공부를 해야 하는 일상을 즐겨야 하고 공부하는 과정에서 짜증을 내거나 화를 내지 않고, 서로의 마음을 이해할 수 있도록 이야기 나누고 상의하면서 문제를 해결해 나가는 것이 중요하단다.

그러면 공부가 재미있어진단다.

2 형제자매와 다툴 때

> 현서: 으앙~ 엄마, 형아가 내 장난감 가져갔어.
> 시운: 잠시 가지고 놀다 줄 거야.
> 현서: 안 돼~ 내 거야!
> 시운: 흥, 너도 내 거 가지고 놀지 마!

형제들과 다투지 않으려면 어떻게 해야 될까? 맏이라면 동생의 입장에서 동생이 아직 어리다는 것을 기억해야 해. 우선은 동생과 부딪히지 않아야겠지? 동생은 너희만큼 생각할 수 없기 때문에 항상 무엇을 달라고 하고, 네가 무엇을 하면 참견하려고 할 거야. 그런 행동에 크게 반응하지 말고 지나가면 되는 거지. 타일러도 보고 말이야. 동생이라면 형이 맏이라서 부모님께 혼나는 경우가 많고 양보하라는 말도 동생들보다 많이 듣는다는 것을 알아야 하고. 중간 입장이라면 두 경우를 다 이해할 수 있을 거야.

시운: 엄마, 현서가 자꾸 제 것을 탐내는데 어떻게 해요?

현서: 형님도 내 거 가져가잖아!

엄마: '남의 떡이 더 커 보인다.' 라는 말이 있단다. 항상 남의 것이 좋아 보이는 것이지. 누가 먼저 양보해 보는 것은 어떨까?

시운: 싫어요.

엄마: 당연히 싫겠지만 지금 내 것을 내주는 것이 뒤에 더 큰 것을 얻을 수 있는 나눔이 될 수 있거든. 새로운 것을 얻으려면 기존의 것들을 비울 줄도 알아야 해. 비우는 것이 꼭 나쁜 것은 아니야. 내 것을 형이나 동생에게 양보하면 새로운 내 것이 생길 수 있겠지?

사과하는 사람이 용기 있는 사람!

너희가 형제자매와 다툼이 일어나는 것은 성장해 가는 과정에서 얼마든지 있을 수 있는 일이란다. 다투지 않고 생활한다면 아주 좋겠지만 사람의 마음은 알 수 없어서 마음처럼 움직여지지 않을 거야. 다툼이 일어나는 원인을 찾아보고 미리 막는 것이 중요하지. 다투었으면 사과를 하는 게 중요해. 먼저 사과하는 사람이 용기 있는 사람일 수도 있어. 자신의 잘못을 인정하고 사과한다면 받아 주지 않을 형제자매는 없을 거야. 싸웠다면 꼭 사과하고 서로 악수하거나 안아 주면서 마무리를 하자.

시운: 미안해.

현서: 응, 나도 미안해!

사과와 용서는 사랑의 시작입니다!

3 외모에 신경이 쓰일 때

> 서윤: 엄마, 얼굴에 자꾸 뭐가 나요.
>
> 엄마: 그래? 어디 좀 볼까?
>
> 윤진: 언니 얼굴 진짜 울긋불긋 이상해.
>
> 엄마: 얼굴에 뭐가 나는 것도 자연스러운 거야. 윤진이도 얼굴에 여드름이 생길 수도 있고.
>
> 서윤: 자꾸 신경 쓰이는데, 언제 없어져요?
>
> 엄마: 큰 문제가 없으면 시간이 좀 지나면 사라진단다.

사춘기는 자신의 외모에 관심을 갖고 신경을 많이 쓰게 되는 시기지. 자신의 모습을 가꾸고 아름답게 하는 것은 좋은 일이야. 하지만 이것이 지나치면 문제가 생기는 것이란다.

> 서윤: 엄마, 저 요즘 사고 싶은 게 너무 많아요. 치마도 사고 싶고 치마에 어울리는 샌들도 사고 싶고, 샌들에 어울리는 가방도 사고 싶어요.

윤진: 치마를 안 사면 샌들, 가방 안 사도 되겠네. 엄마, 언니 요즘 매일 거울 들여다보고 또 들여다보고 거울을 들고 살아.

서윤: 엄마도 어렸을 때 사고 싶은 것도 많고 거울 보는 것도 좋아하셨 어요?

엄마: 그럼, 엄마 별명이 '거울 공주' 였단다. 항상 거울을 손에서 놓지 않았거든. 하지만 시간이 지나면서 그런 습관이 사라졌어.

외모 가꾸기보다 중요한 것들

개인위생에 철저하고 자신을 가꾸고 조금 꾸미는 것은 괜찮아. 하지만 외모를 꾸미는 것에만 너무 관심을 가지거나 다른 사람의 외모를 평가하려고 하거나 자신의 외모나 다른 사람의 외모를 비하하는 것은 좋지 않아.

지금은 외모가 하루하루 바뀌는 시기야. 지금 모습이 어른이 된 너의 모습이 아니라는 거지. 외모 관리보다는 건강관리가 더 중요해. 깔끔하게 개인위생에 신경을 쓰고 표정을 밝게 하면 누구든 호감 가는 외모가 될 수 있어. 외모를 가꾸기 위한 관심과 노력을 다른 곳으로 돌려 봐. 더 편안해지고 표정도 더 건강해질 거야.

4 엄마가 지쳐 보이실 때

윤진: 언니, 요즘 엄마 표정 어둡지 않아?

서윤: 그런가? 엄마가 요즘 잔소리 안 하셔서 조용해서 좋은데.

윤진: 언니는 눈치도 없네. 지난번 언니가 늦게 집에 왔는데도 엄마가 평소보다 엄청 짧게 혼내셨잖아. 뭔가 피곤하신 것 같아.

서윤: 그런가? 다시 꾸중 들을 일을 해 봐야 엄마가 평소와 다른지 알 것 같은데.

'엄마' 라는 이름은 여러 가지 책임져야 할 부분들의 종합적 이름이야. 그런 생각과 시각들이 엄마를 힘들게 하기도 하고. 엄마도 사람인데 힘들지 않을 수는 없지. 하지만 엄마이기 때문에 이겨 내야 한다는 책임감이 더 크신 거야.

엄마가 힘들어하시는 것을 어떻게 알 수 있을까?

엄마가 평소보다 말씀이 없어지시거나, 한숨 소리가 들릴 때, 너희를 혼내시는 일이 많아질 때, 혹은 혼내야 하는데 그냥 넘어가실 때 등등이 그 표시일 거야. 그럴 때는 특별하고 새로운 무엇인가를 하는 것보다는 평소 너희가 해야 할 일들을 스스로 책임감 있게 해내는 것이 필요하단다. 가뜩이나 신경 써야 할 일들이 많고 힘들어하시는데 너희까지 신경 쓰이게 한다면 더 힘들어지시겠지?

엄마가 힘들어하시는 모습이 보이면 어떻게 할까?

'엄마 역할 대신하기' 미션을 가족들과 나누어 해 보면서 엄마가 잠시 쉴 수 있도록 도움을 드리는 것이지.

'청소, 빨래 면제 쿠폰', '설거지 도우미 이용 쿠폰' '안마 쿠폰' 등 엄마의 역할을 대신할 수 있는 재미있고 실천 가능한 활동들을 가족과 함께 해 보는 거야.

서윤: 엄마, 오늘 저랑 산책해요.

엄마: 산책? 엄마 해야 될 집안일도 많은데.

서윤: 저랑 산책하고 오시는 동안 윤진이가 다 해 놓는다고 하네요.

엄마: 우아! 이거 기대되는데?

서윤: 엄마, 힘든 거 있으면 저한테 이야기해 주세요.

엄마: 고마워! 말만 들어도 힘이 난다.

5 엄마가 잔소리(?)를 하실 때

엄마: 시운이 오늘은 왜 또 동생과 싸우고 있니? 숙제는 하고 싸우는
　　거야?

시운: 엄마는 매일 나만 혼내고.

엄마: 밥 먹고 어서 공부하고, 밀린 숙제해.

시운: 아, 엄마는 왜 이렇게 잔소리가 많으실까?

우리가 듣고 싶은 이야기만 들으면서 지내면 좋겠지만, 그렇지 못한 경우가 많단다.

엄마가 하시는 말씀은 늘 잔소리일까? 잔소리는 필요 이상으로 듣기 싫게 꾸짖거나 참견하는 말, 쓸데없이 자질구레한 말을 늘어놓는 것을 말해. 엄마의 말이 잔소리처럼 들릴 수도 있지만 잔소리를 들을 만한 행동을 했는지를 생각해 봐.

시운: "손 먼저 씻어라~", "동생하고 싸우지 마라~", "인사 잘하고 숙

제부터 하고 놀고~" 등등 매일 잔소리시잖아요.

엄마: 그런 이야기들이 잔소리로 들리는 거니?

시운: 네.

엄마: 옳은 말을 하니까 듣기 싫은 거야. 엄마 말이 잘못되고 옳지 않
다면 잘못되었다고 이야기할 수 있겠지만 하나 틀린 말이 없으
니까 잔소리로 들리는 거란다. 그럼 손 먼저 씻고 동생과 싸우지
않고 인사도 잘하고 숙제도 잘하고 있으면 다 잘하고 있다고 대
답할 텐데 그렇지 않잖아. 그러니까 엄마 말이 무조건 잔소리라
고 생각하는 것은 옳지 않겠지?

훈련으로 잔소리를 예방하자!

엄마의 말씀을 몇 가지 유형으로 나누어 볼 수 있지.

공부, 우애, 건강!

이런 것들을 엄마가 말씀하시기 전에 스스로 챙기는 훈련을 해 보자.

늘 잔소리로만 듣던 것들을 다르게 생각하게 될 거야.

공부는 목표를 정하고 규칙적이고 꾸준하게 스스로 해 나가는 것이 중요하고, 우애는 서로 양보하면서 아껴 주는 마음과 행동이 필요하단다.

건강은 일찍 자고 일찍 일어나 하루 30분 이상씩 걷기나 줄넘기 같은 운동을 꾸준하게 하는 것이 중요하지. 혼자 운동하기 힘들면 엄마와 함께 운동을 해 보는 건 어때? 엄마와의 관계도 훨씬 좋아질 거야.

내가 듣기 싫다고 잔소리로 생각할 것이 아니라, 엄마가 왜 저 말씀을 하시는지를 생각해 보면 엄마를 이해할 수 있을 거야.

6 원하는 것을 갖고 싶을 때

시운: 엄마~게임기 좀 사 주세요.
현서: 블록 장난감 좀 사 주세요.
시운: 놀이동산 가고 싶어요.

하고 싶은 것도 많고 갖고 싶은 것도 많고 그렇지? 하지만 다 가질 수는 없고, 마음은 아프고 그럴 거야.

엄마에게 무턱대고 "○○○ 사 주세요!" 말하면 아마도 안 사 주실 거야.

부모님은 아이가 원하는 것을 무조건 사 주시지는 않아. 아이가 어떤 것을 원할 때마다 그것을 사 주면 아이는 그 물건의 가치를 잘 모를 테니까. 원하는 것을 다 가질 수 없다는 것을 아는 것도 필요한 교육이야.

정말 필요한 것을 원하는지 다시 생각해 보기

내가 무엇인가를 원하고 갖고자 한다면 그것이 정말 나에게 필요한 것인지, 이것을 갖게 되면 어떻게 사용할 것인지 등등을 생각해 봐야 한단다. 어른이 되어서도 이런 문제를 만날 거고 풀어 가야 하거든.

장난감을 갖고 싶으면 장난감이 필요한 이유를 이야기해야겠지? 예를 들어 장난감이 하나도 없어 놀지 못한다든지, 가지고 있던 것이 망가졌다든지. 그런 이유가 명분이 되는 거란다. 아니면 내가 용돈을 받기 위한 행동을 하는 것도 좋지. 집안일을 돕거나 내 일을 스스로 해 나가면서 용돈을 받아 그것으로 원하는 것을 얻을 수 있어.

어른들도 갖고 싶은 것이 있으면 돈을 모아서 얻는단다. 그래서 저축도 하는 것이고.

내가 원하는 것이 있는 것처럼 다른 사람도 원하는 것이 있을 거야. 다른 사람이 필요로 하는 것을 내가 해 줄 수 있을 때 기쁨을 느낄 수 있단다.

시운: 엄마, 갖고 싶은 것 있으세요?

엄마: 왜?

시운: 제가 지금 해 드릴 수 있는 것이라면 선물해 드리려고요.

엄마: 우아~ 말만이라도 고마운걸?

시운: 말씀해 보세요. 지금 해 드릴 수 없다면 선물 쿠폰이라도 만들어 드릴게요~

엄마: 고마워! 그러는 시운이는 갖고 싶은 것이 있니?

시운: 친구들과 함께 운동할 야구 글러브가 필요하기는 해요.

엄마: 야구 글러브가 있어야 하니?

시운: 친구들 중에서 저만 없어서 매번 빌려서 하기가 미안해요.

엄마: 그래, 주말에 함께 사러 가자.

7 친구와 문제가 생겼을 때

서윤: 한 명이 자꾸 제 물건을 가져가요.

엄마: 그래? 가져가지 말라고는 했니?

서윤: 예. 그래도 가져가요. 싸워도
　　　돼요?

엄마: 싸우는 건 안 돼. 싸움으로 일
　　　을 해결하는 것은 좋지 않아.

서윤: 괴롭히는 친구들은 어떻게 해요?

엄마: 쉽지는 않겠지만 당당하게 이야
　　　기해야 해. 그러지 말라고. 그래
　　　도 계속 괴롭힌다면 선생님께 알
　　　려야 해.

　우리는 살아가면서 여러 사람들과 만남을 갖게 된단
다. 좋은 만남이 있을 수 있지만 그렇지 않은 경우도 있

을 거야. '친구를 보면 그 사람을 알 수 있다' 는 속담처럼 친구와의 관계는
매우 중요하지.

친구와의 문제가 발생하면 대부분 이야기를 잘 안 하는데 그것이 오히려

일을 더 크게 만들 수도 있단다. 아주 작고 사소한 일이라도 엄마와 이야기를 하면서 고민을 나누어야 해결책을 찾을 수 있다는 것을 알아야 해.

친구를 소개시켜라!

엄마: 서윤이 가장 친한 친구 이름이 뭐야? 엄마한테 소개 좀 시켜 줘.

서윤: 친구 데리고 집에 와도 돼요?

엄마: 그럼, 서윤이 친구라면 엄마도 보고 싶어.

서윤: 알았어요.

엄마: 엄마가 서윤이 친구들을 많이 알고 있어야 서윤이가 어떻게 지내는지도 알 수 있고 어떤 일이 생겼을 때 상황을 파악하기 쉽고 친구들과의 문제에 대처하기가 쉬워.

엄마에게 친구들을 소개시켜 드리고 친구들과 있었던 일을 이야기한다면 친구들과의 문제가 발생했을 때 해결책을 찾는 데 큰 도움이 될 거야.

제4장
아빠를 사용하는 일곱 가지 방법

많은 아빠들이 엄마들보다 아이들과 덜 친하거나 시간을 많이 보내지 못하는 경우가 있어. 요즘 아빠들은 많이 달라졌다고 한단다. 최근에는 '친구 같은 아빠'라는 뜻의 '프렌디'라는 용어가 나올 정도로 자녀와 친구처럼 편하게 지내려고 노력하는 아빠들의 모습을 볼 수 있지. 아빠를 사용한다는 것은 아빠를 이해하고 아빠와 함께 여러 가지 일을 할 수 있다는 거야. 그럼 아빠를 사용하는 방법이 무엇이 있는지 알아볼까?

1. 아빠와 놀고 싶을 때 2. 보디가드가 필요할 때 3. 아빠가 화가 나셨을 때

4. 아빠를 롤 모델(role model)로 사용할 때 5. 아빠를 재판장으로 사용할 때

6. 아빠가 집에 일찍 오셨을 때 7. 아빠와 텔레비전을 볼 때

아빠와 놀고 싶을 때

현서: 아빠, 아빠랑 수영장 가고 싶어요.

아빠: 그래? 하지만 오늘은 아빠가 많이 피곤해서 좀 쉬고 싶단다.

시운, 현서: 후유…….

주말이면 집 안에서 쉽게 들을 수 있는 대화지? 한 주 동안 열심히 일하신 아빠들은 대부분 주말이면 집에서 쉬고 싶어 하신단다. 아빠들이 너희들과 놀아 줄 수 있는 시간이 주말뿐일 수도 있는데 그럴 때는 어떻게 하면 좋을까?

아빠와 함께 놀기 위한 3단계 작전!

시운: 우아, 소고기무국이다! 아빠가 엄청 좋아하시는데.
아빠: 어떻게 알았어?
시운: 이 국이 나올 때 아빠가 밥을 많이 드시잖아요.
아빠: 아빠의 취향을 잘 아는데. 역시 우리 아들!

첫째, 아빠가 좋아하시는 것을 알자!

아빠가 좋아하시는 것을 미리 알아보고 아빠와 함께할 수 있는 것을 생각해 봐. 아빠가 좋아하시는 음식이나 운동 경기가 무엇인지도 알아보면 아빠가 좋아하시는 놀이도 알 수 있을 거야. 자연스럽게 아빠와 함께할 수 있는 것부터 시작하는 것이 좋을 거야.

둘째, 아빠와 함께 일을 하자!

아빠가 집에서 하셔야 될 역할이나 일이 있을 거야. 분리수거, 음식물 쓰레기 버리기, 아빠가 하셔야 될 청소 등을 너희가 돕는 거지. 그 일을 돕는다면 아빠와 놀 수 있는 시간이 만들어지는 거야.

셋째, 아빠 곁에 있자!

아빠와 함께 놀기 위해서는 아빠 곁에 있어야겠지. 공부를 하다가 모르는 것을 물어볼 수도 있고, 같이 텔레비전을 보면서 이야기할 수도 있고. 아빠는 거실, 너는 방 안에 있으면서 아빠와 놀고 싶다고 생각한다면 그건 생각만으로 끝날 거야. 아빠와 대화하고 아빠와 같이 있다 보면 자연스럽게 놀이로 이어질 수 있단다.

아빠와 함께 논다는 것은 사회성 발달에 아주 큰 도움이 된단다. 보이지 않지만 아빠와 함께하는 과정에서 사회를 살아가는 데 필요한 여러 가지 지식을 배울 수 있고 규칙이라든지, 리더십을 배울 수 있어.

2 보디가드가 필요할 때

윤진: 아빠는 힘이 세요?

아빠: 당연히 힘이 세지.

윤진: 그럼 저 자동차 들어 보실 수 있어요?

아빠: 그건 좀.

윤진: 그러면 저 자동차 저쪽까지 밀어 보실 수 있어요?

아빠: 그것도 좀.

윤진: 그러면 저 자동차 아래 벽돌 좀 치워 주실 수 있어요?

아빠: 그건 가능하지. 자, 봤지?

아빠들이라고 모두 힘이 센 것은 아니란다. 하지만 아빠는 아이들의 영원한 보디가드야. 든든한 버팀목이고, 너희에게 힘든 일이 생기면 언제 어디서든 너희를 지켜 주실 거야. 힘든 일, 아빠의 도움이 필요한 일이 있으면 언제든 이야기하도록 해.

윤진: 아빠, 집에 올 때 무서우니까 버스 정류장까지 나와 주세요.

서윤: 아빠, ○○가 저를 자꾸 괴롭혀요.

윤진: 아빠, 어제 너무 무서운 이야기를 들었어요. 저 잘 때까지 옆에 있어
　　　주세요.

서윤: 아빠, 이상한 아저씨가 자꾸 쳐다봐요. 그래서 아빠에게 전화했
　　　어요.

부모님은 아이의 보디가드!

부모님은 세상의 수많은 위험으로부터 너희를 지켜 주고 보살펴 주는 존

재야. 아빠들은 아이들의 보디가드 역할도 하지. 너희가 아빠의 보호나 아빠의 도움이 필요하다고 하면 아빠는 작은 도움이라도 주고 싶어 하실 거야. 그리고 친구들의 괴롭힘, 낯선 사람으로부터 받는 위협이나 불안이 있으면 꼭 이야기하도록 해.

　다른 사람에게 괴롭힘을 당하고 있다면 그 상황을 자세히 이야기해야 해. 너희가 아빠를 필요로 하는 만큼 아빠가 도움을 주실 수 있을 거야. 그리고 아빠의 도움을 당연하게만 생각하지 말고 감사하게 받아들이는 것도 중요해.

3 아빠가 화가 나셨을 때

현서: 아빠가 말이 없으신데.

시운: 화가 나셨나 봐.

현서: 속상하거나 안 좋은 일이 있으셨나?

시운: 왜 화가 나셨을까? 어떻게 풀어 드리지?

어른들도 유난히 힘든 날이 있단다. 뭔가에 지치기도 하고, 화가 나기도 하고. 아빠가 화가 나 보인다면 그 화를 풀어 드리면 좋겠지만 원인을 알 수 없을 때는 아빠의 마음이 풀릴 때까지 시간을 드리는 게 좋아. 그리고 너희가 해야 할 일들을 잘하고 있으면 된단다.

현서: 우리 아빠는 화가 나면 좀 무서워.

시운: 맞아. 화나면 말도 안 하시고. 우리가 아빠를 화나게 한 걸까?

현서: 우리가 아니라 형이 화나게 한 거겠지. 화난 아빠를 어떻게 풀어 드리지?

아빠가 화가 나셨을 때 행동 요령

첫째, 텔레비전 앞에 오래 앉아 있지 않도록 하자.

아빠가 화가 나셨는데 너희가 텔레비전 앞에 앉아 있는 모습을 보고 있으면 더욱 화가 나실 거야. 왜냐하면 아빠가 화가 난 상태인데 아이들이 공부를 하거나 사이좋게 노는 모습이 아닌 텔레비전만 보고 있는 모습을 보면 걱정이 될 거고 그러면 화가 더 나실 수 있지.

둘째, 제시간에 식사와 공부를 하자.

식사가 준비되었는데 아이들이 나타나지 않으면 아빠는 더욱 화가 나시겠지? 제시간에 식사하고 공부해야 할 분량이 있으면 정해진 시간에 공부하자. 이런 기특한 아이들의 모습을 보게 된다면 아빠의 화도 조금은 풀릴 거란다.

셋째, 일찍 잠자리에 들기!

아빠가 화가 나셨는데 늦은 시간까지 아이들이 잠을 안 자고 있으면 더 화가 나실 수도 있어. 밤 시간에는 조용히 아빠 혼자 생각할 여유를 드리는 것이 좋단다. 그러면 아빠의 마음에도 여유가 생길 거야.

아빠가 화가 나셨다고 피하라는 건 아냐. 학교에서 있었던 재미있는 일을 이야기하거나 아빠가 흥미를 가질 만한 이야기를 하거나 조용히 아빠의 어깨를 주물러 드릴 수도 있어. 아무 말도 하지 않아도 자연스러운 스킨십으로 아빠의 화를 다스릴 수 있단다. 그런 가족들의 모습을 보면서 아빠도 기분이 좋아지실 거고, 새로운 힘이 나실 거야.

4 아빠를 롤 모델(role model)로 사용할 때

서윤: 아빠, 제 롤 모델은 아빠예요.

아빠: 내가 롤 모델이라고? 롤 모델은 본보기가 되는 대상인데 내가 우리 딸 롤 모델이라니. 기분 좋은데.

서윤: 네, 전 아빠처럼 화도 안 내고 말도 조용하게 하고 싶어요.

윤진: 저도 언니가 아빠처럼 되었으면 좋겠어요. 그런 날이 올까요?

사람들에게는 본받고 싶거나 닮고 싶은 사람이 있단다. 너희는 누구를 본받고 싶니?

수많은 역사 속 인물들이 그 대상이 될 수도 있고, 지금 현재 많은 부를 누리는 부자나 사회적으로 존경받는 인물을 본받고 싶을 거야.

하지만 가장 가까운 곳에, 가장 먼저 닮고 싶은 인물이 있단다. 그분이 바로 아빠일 수도 있단다.

시운: 아빠, 저는 커서 아빠처럼 될 거예요.

아빠: 왜?

시운: 아빠는 선생님이셔서 모든 것을 다 아시잖아요!

아빠: 하하하! 아빠가 모든 것을 다 알 수는 없지~

시운: 아니에요~ 아빠는 엄청 아는 것이 많고 멋있어요!

아빠: 고마워!

아빠는 나의 롤 모델!

너희에게 아빠의 존재감을 어떻게 표현할 수 있을까? 사람마다 느끼는 생각의 크기는 다르겠지만 아이들은 아빠의 행동, 말투 하나하나를 보고 듣고 커 가면서 자연스럽게 아빠를 닮아 간단다. 그러니까 아빠를 롤 모델로 삼는 경우가 많을 거야.(물론 또 다른 롤 모델이 많이 등장하긴 할 거야.)

이렇게 하면 어떨까? 아빠는 나의 롤 모델이기 때문에 내가 보고 배운다는 것을 아빠가 느낄 수 있도록 해 보는 거야.

마치 거울 효과라고 할 수 있지!

롤 모델이라고 해서 매우 거창하고 사회적으로 이름 있는 사람들만을 말하는 것은 아니란다. 이 세상은 존재하는 모든 것의 소중한 가치가 하나하나 모여 만들어진 것이기 때문에 아빠의 작은 행동과 생각도 너희에게는 큰 영향이 될 수 있는 거야.

좋은 것을 보고 배울 수도 있고, 좋지 않은 것을 보고 반성할 수도 있단다.

5 아빠를 재판장으로 사용할 때

시운: 아빠, 친구가 자꾸 괴롭혀요.

현서: 친구가 장난감을 자꾸 가져가요.

시운: 친구가 자꾸 돈을 빌려 달래요. 어떻게 해요?

현서: 친구들끼리 자꾸 욕을 하는데 어떻게 해요?

살아가면서 생각하지 못했던 다툼과 충돌이 일어날 수 있단다. 너희는 살아온 경험이 적기 때문에 지혜로운 결정을 하기가 쉽지 않을 거야. 그럴 때 아빠의 경험과 지혜를 사용하면 어떨까?

현서: 친구들끼리 자꾸 욕을 해서 걱정이에요.

아빠: 욕을 바로 못하게 하기는 쉽지 않을 것 같구나! 하지만 친구가 욕을 하더라도 현서가 똑같이 욕을 하면서 대화를 하면 더 심해질 거야. 친구들이 욕을 한다고 분위기에 휩쓸려서 같이 욕을 하면 안 돼. 친구에게 웃으면서 말 좀 예쁘게 하라거나 나쁜 말을 하지

말라고 자연스럽게 이야기하는 게 좋아. 무엇보다 현서부터 바른
말을 사용하면 좋을 거야.

현서: 네 저부터 바른말을 해 볼게요.

아빠는 재판장!

'솔로몬의 심판' 이라고 들어 봤니? 아빠도 솔로몬처럼 아주 현명한 재판
장이란다. 너희가 살아가면서 해결하기 어려운 고민거리들이 많이 있을 거

야. 그럴 때는 망설이지 말고 아빠에게 이야기해서 현명한 판단을 듣는 것이 좋을 거야. 아빠가 너희보다 오래 살아왔고 경험하신 것이 많기 때문에 좋은 이야기를 들려주실 수 있고 해결책을 함께 찾아 주실 수 있을 거란다.

뭐? 아빠에게 말하기가 겁난다고?

아냐~ 처음이 어색해서 그렇지 이야기하다 보면 편안해질 거야.

아빠도 너희가 이야기하기를 기다리실 텐데? 작은 것부터 아빠랑 이야기 나누면 어렵고 힘든 이야기도 함께할 수 있단다. 너희가 혼자 고민하지 말고 현명한 재판장인 아빠의 도움을 받아 보자. 아빠는 공짜로 사용할 수 있잖아. 덤으로 아빠와의 관계도 좋아지고!

6 아빠가 집에 일찍 오셨을 때

현서: 엄마~ 아빠는 오늘도 늦으세요?
시운: 또 우리끼리 저녁 먹어요?
현서: 아빠는 매일 늦게 오셔서 싫어!

띵동, 띵동~

시운: 어, 아빠다!
현서: 우아~~~ 아빠, 안녕히 다녀오셨어요?

아빠가 집에 일찍 오시지 않는 날이 더 많지? 대부분의 집이 그럴 거야.
아빠는 회사에서 순간순간 일어나는 일들에 대비해야 하기 때문에 시간
을 정확하게 지키는 것이 쉽지는 않아. 물론 아빠도 일찍 오시고 싶을 거야.
아빠가 집에 일찍 오시면 무엇을 하면 좋을까?

시운: 아빠와 평일에 저녁을 같이 먹는 것은 오랜만이에요.

아빠: 오늘 재미있게 보냈니?

시운: 예, 수업 시간에 재미있는 게임도 했어요.

아빠: 일찍 와서 너희와 이야기하니 좋구나.

아빠가 집에 일찍 오셨을 때 행동 요령

첫째, 화목한 모습을 보여 주자.

아빠가 모처럼 일찍 집에 오셨는데 아이들끼리 싸우고 시끄럽게 하면 좋지 않겠지? 형제자매 간에 사이좋게 지내는 모습을 보여 드리도록 해. 형제자매 간에 싸웠다면 이날은 휴전을 하면 어떨까?

둘째, 아빠가 집에 필요한 분이라는 것을 알려 드리자.

아빠에게 궁금했던 것에 대해 질문을 할 수도 있고, 아빠와 주말에 할 일에 대한 계획을 세울 수도 있지. 자기 전에 아빠를 만나 반가운 마음을 표현해 봐.

셋째, 아빠에게 휴식을 드리자.

아빠가 집에 일찍 오셨지만 무척 피곤하실 수도 있어. 아빠가 휴식을 잘 취할 수 있도록 아빠를 방해하지 말자.

아빠가 일찍 오셨을 때 아빠의 기분, 몸 상태를 보면서 다음 계획을 세우는 게 좋을 거야. 피곤해 보이시면 휴식을, 아이들과 놀고 싶어 하신다면 같이 놀이를 할 수도 있고, 아빠의 기분과 건강을 살펴보도록 해.

7 아빠와 텔레비전을 볼 때

서윤: 아빠, 지금 텔레비전에 나오는 '환율'이 뭐예요?

아빠: 환율은 우리나라 돈과 외국 돈과의 교환 비율을 말하는 거야.

서윤: 아~! 그런데 그게 왜 중요해요?

아빠: 국가 간에 물건을 사고팔 때 환율이 중요한 거야.

집에서 아빠와 가장 많은 시간을 함께할 수 있는 것이 아마 텔레비전 보기일 거야. 그만큼 아빠와 어울려 무엇을 하기가 쉽지 않고 그런 경우가 많지 않다는 것이겠지?

서윤: 아빠~저 배우 멋있죠?

아빠: 서윤아, 저 배우가 누구야?

서윤: 송중기예요

아빠: 멋있다.

서윤: 완전 멋있지요!

아빠: 서윤이는 어느 연예인을 좋아하니?
서윤: 엑소 좋아해요. 아빠는요?
아빠: 차줌마? 차승원 멋있지?

아빠와 텔레비전을 함께 시청하면서 평소에 모르던 사회 용어들을 배울 수 있단다. 아나운서의 말이나 자막으로 나오는 용어 중에 모르는 것은 아빠에게 물어보면 알려 주실 거야. 그리고 아빠와 함께 연예인이나 방송 프로그램에 대해 이야기하면서 자연스럽게 가까워질 수도 있지.

오늘의 환율은……

텔레비전을 보면서 아빠와의 시간을 가져보자!

첫째, 모르는 용어를 물어보자.

그러면 자연스럽게 공부도 할 수 있고 부족한 상식에 대해서 알 수 있지.

둘째, 서로 좋아하는 연예인이나 방송 프로그램에 대해 이야기해 보자.

자연스럽게 아빠의 마음을 알게 되고 나의 마음을 전달할 수 있어 관계 형성에 도움이 되지.

셋째, 텔레비전을 다 보고 나서는 함께 시청한 프로그램에 대하여 이야기 나눠 보자.

방송을 함께 보았지만 생각은 다를 수 있단다. 아빠와 방송 프로그램에 대해 이야기 나누면서 토론 능력도 기르고 아빠와 함께하는 시간도 늘고!

단, 지나친 텔레비전 시청은 절대 금물!

제5장
부모님을 사용하는 일곱 가지 방법

부모님을 사용한다는 것은 어려운 일이 아니야. 부모님이 당연히 해 주셨던 일들을 너희가 스스로 하고, 부모님의 도움이 필요하면 당당하게 도움을 요청하면 돼. 그리고 '해야 할 일'과 '하고 싶은 일'이 겹친다면 '해야 할 일'을 먼저 마치는 것이 좋단다. 그래야 '하고 싶은 일'을 할 때 마음의 부담이 없거든.

부모님은 너희가 스스로 일어나는 것을 무척 좋아해. 혼자서 무엇을 할 수 있다는 것은 매우 자랑스러운 일이거든. 특히 아침에 스스로 일어나는 것은 더욱 기특한 행동이고, 세상의 모든 부모님들이 좋아하는 행동이기도 하지.

내일은 부모님이 깨우시기 전에 스스로 일어나 볼까?

1. 용돈이 필요할 때 2. 부모님과 운동하고 싶을 때 3. 학원 가기 싫을 때

4. 학교생활이 힘들 때 5. 내 꿈을 못 정할 때 6. 부모님과 외식하고 싶을 때

7. 부모님께 칭찬받고 싶을 때

용돈이 필요할 때

> 현서: 장난감 사고 싶은데…….
>
> 시운: 빙수 먹고 싶고, 영화도 보고 싶고…….
>
> 현서: 형님, 우리 장난감도 사고 빙수도 먹을까?
>
> 시운: 용돈을 다 썼어.
>
> 현서: 아빠에게 말해 볼까?

우리가 무엇을 하고 싶을 때 돈이 필요한 경우가 많지?

집 밖에 나가면 돈을 필요로 하는 곳이 너무나 많아. 하지만 용돈은 언제나 부족하게 느껴진단다.

어떻게 하면 부모님께 용돈을 받을 수 있을까?

용돈을 받기 위해 가장 중요한 것은 왜 용돈이 필요한가, 그리고 받은 용돈을 어떻게 써서 부족한지를 솔직하게 말하는 것이란다. 그 후 용돈을 받기 위한 활동을 해 봐.

부모님께 용돈 받기 3단계 작전!

첫째, 나의 일을 시키지 않아도 스스로 한다.

내가 해야 할 일을 스스로 하는 것이 매우 중요해. 내 할 일도 못하면서 용돈을 달라고 하면 이치에 맞지 않거든. 모든 사람에게는 나름의 책임이 있단다. 내 책임을 다해야 권리를 요구할 수 있는 거야.

둘째, 집안일을 도와드린다.

내 할 일을 마쳤으면 주말이면 쉬고 싶으신 부모님을 대신해 할 수 있는 일을 해 보면 도움이 될 거야. 분리수거를 한다든지, 음식물 쓰레기를 버리

고 온다든지 하면서 부모님의 수고를 덜어 드리면 좋아하시겠지?

셋째, 감사의 편지로 부모님을 감동시킨다.

진심이 담긴 손편지로 부모님께 감사의 마음을 전한다면 부모님도 힘이 나시고 기분이 좋아지실 거야. 용돈을 받기 위한 목적으로 편지를 쓰는 것이 아니라 부모님의 마음을 이해하는 과정에서 나오는 진심을 담은 편지가 효과적이란다.

용돈을 받는 것도 중요하지만 어떻게 쓰는지도 매우 중요해. 받은 용돈을 허투루 쓰지 말고 보다 의미 있는 사용으로 이어졌으면 좋겠다.

2 부모님과 운동하고 싶을 때

윤진: 아빠, 같이 배드민턴 해요.
서윤: 엄마, 공기놀이 같이 해요.
윤진: 엄마, 아빠 우리 같이 운동하면 안 돼요?

부모님도 가족과 운동을 하고 싶으시지만 막상 시간을 내서 운동을 하기는 쉽지 않을 거야. 아마 대부분의 부모님이 시간이 나면 쉬고 싶으실 거야. 그런 부모님과 어떻게 하면 함께 운동을 할 수 있을까?

먼저 부모님이 어떤 운동을 좋아하시는지 물어봐. 부모님도 운동을 해야 겠다고 생각만 하고 실천하지 못하고 계실지도 몰라. 혹은 좋아하는 운동이 없으면 가족이 같이 산책을 해 보면 어때? 가족끼리 가장 쉬운 운동은 걷기 일 거야. 저녁을 먹고 잠시 산책을 하면서 걸으면 소화도 돕고 운동 효과도 있단다.

윤진: 엄마, 아빠는 무슨 운동 좋아하세요?

아빠: 배드민턴, 농구, 골프 등등.

서윤: 내가 할 수 있는 운동은 없네. 엄마는요?

엄마: 걷기, 숨쉬기 정도.

윤진: 우리 가족도 모두 같이 운동해요. 훌라후프를 돌리기나 줄넘기도 좋고, 아니면 집에서 밥상 탁구나 종이 뒤집기를 해도 좋고요.

엄마: 집에서 할 수 있는 운동이 끌리는데.

부모님과 운동을 할 때는 즐겁게, 꾸준하게 하기!

부모님과의 운동 계획이 정해지면 가족 모두가 참여할 수 있는 계획을 세우는 거지. 가족 모두 함께 운동하면서 서로에 대해 알아 가고 체력이 향상되면 일석이조잖아. 운동이라는 것이 개인적으로 할 수 있는 종목이 있고 협동으로 할 수 있는 종목도 있으니 개인별 운동과 가족 간 운동을 선택해서 해 봐. 서로 목표를 정해서 해 보면 좋을 거야. 줄넘기면 몇 개를 한다거나 체중 조절을 위한 운동이면 몇 킬로그램을 뺀다거나 해서 말이야.

부모님과 함께 새로운 우리 집만의 운동 경기를 만들어 볼 수도 있고, 경기 규칙을 실제 경기와 다르게 해서 응용할 수도 있어.

마치 운동을 놀이처럼 생각해서 쉽고 재미있게 게임을 하는 것이 좋아.

'운동 일기'를 작성하면서 부모님과 함께 운동을 했던 시간과 내용을 정리하면 보다 지속적이고 체계적으로 운동을 할 수 있을 거야.

체력은 국력!

3 학원 가기 싫을 때

> 서윤: 아, 오늘은 정말 학원 가기 싫다. 아빠, 오늘 학원 빠지면 안 되나요?
>
> 아빠: 학원을 빠질 수는 없지.
>
> 서윤: 오늘 정말 학원 가기 싫은데. 날씨도 좋고 놀고 싶어요.

요즘 대부분의 아이들은 학원을 다니느라 자기 시간이 많지 않을 거야. 가끔은 가고 싶지 않을 때도 있을 거야. 그럼 어떻게 할까?

먼저 학원을 가게 되는 이유를 생각해 보자. 왜 학원을 가지?

학원은 내가 부족한 것을 배우기 위해 가는 것이지. 부족한 것이 학교 공부도 있겠지만 피아노, 태권도, 바이올린 등등 다양한 것을 배우고 싶은데 학교에서 배울 수 없으니 학원을 다니는 거겠지. 엄마, 아빠가 학원을 보내서 다닌다고 생각한다면 엄마, 아빠는 왜 학원을 보내실까 생각해 봐. 학원을 다니는 이유와 학원을 다니면서 생긴 목표에 대해서도 생각해 보고.

서윤: 엄마, 저 오늘 학원 안 가려고요.

엄마: 왜? 무슨 문제 있니?

윤진: 문제는요, 언니가 무슨 문제가 있어서 학원을 안 가려고 하나요?

서윤: 몸도 지치고 힘이 들어서 오늘은 쉬고 싶어요.

엄마: 그럼 오늘 배우지 못한 부분은 따로 공부를 더하기로 하고 쉬도록 하자.

서윤: 감사합니다.

학원에 가기 싫으면 솔직하게 말하고, 그 다음 대책도 철저하게 세우자.

학원에 가고 싶지 않은 마음을 솔직하게 이야기하는 거야. 하루 정도 정말 가기 싫을 때는 필요하겠지? 대신 학원을 안 가면 그날 배울 것을 다음에 꼭 배울 수 있도록 하고 그 시간을 의미 있게 보내야 한단다.

주어진 시간을 의미 있게 보낸다는 것이 쉽지는 않지만 못할 일도 아니란다. 부모님과 이야기하면서 학원을 안 가는 대신 해야 할 것들을 점검해 보고 의미 있는 시간을 보낸다면 그것이 더 큰 효과가 있을 거야. 아니면 달리 무엇을 하지 않더라도 하루 학원을 쉼으로써 지쳤던 몸과 마음이 좀 편안해진다면 그것으로도 충분히 괜찮은 하루란다.

학원 공부가 반드시 필요한 것은 아니야. 중요한 것은 학원에 가지 않더라도 스스로 노력하며 공부하는 모습을 보여 드리는 것이 중요하지.

무엇이든 내가 하고 싶을 때 해야 가장 효과가 좋단다.

4 학교생활이 힘들 때

시운: 학교 가기 싫어.

현서: 집에서 놀고 싶어요.

아빠: 왜 학교에 가기 싫은데? 학교에서 문제라도 있니?

시운: 학교에서 가만히 앉아 공부하는 것이 힘들어요.

현서: 저도 그게 제일 힘들어요.

아빠: 다른 문제는 없고? 괴롭히는 친구가 있니?

시운: 그런 문제는 없어요.

학교가 항상 재미있고 좋은 일들만 있는 곳은 아니지. 다양한 친구들이 함께하는 공간이기 때문에 생각도 다르고 좋아하는 것도 달라 언제든지 충돌이 일어날 수 있거든.

내 것을 먼저 주장하고 챙기려 하면서 충돌이 일어나기도 하고 학급 일의 진행 과정에서 의견이 다를 수도 있고, 친구 관계 때문에 충돌이 일어날 수도 있지.

하지만 이것은 대부분의 학교에서 일어나는 일들이기 때문에 너희만의 문제라고 생각하지는 않아도 될 거야.

시운: 학교에서 무슨 일이 생기면 어떻게 해요?

엄마: 우선은 선생님께 먼저 말씀드려야겠지? 그리고 엄마, 아빠에게 이야기하려무나. 엄마는 학교에서 일어나는 일들을 알 수 없기 때문에 시운이가 이야기해 줘야 알 수 있단다. 그래야 해결책을 찾을 수 있지.

시운: 알겠어요. 학교에서 있었던 일들을 엄마한테 이야기할게요.

학교에서 일어난 일들을 부모님께 이야기하자!

나와 관련된 일이 아닐지라도 친구의 괴롭힘이나 다른 친구들이 괴롭힘을 받는 사실을 알고 있다면 이야기하는 것이 좋단다. 그런 문제는 나만의 문제가 아니라 우리 모두의 문제이기 때문이지. 부모님이 아무 사실도 알지 못하면 필요한 도움을 줄 수 없단다.

학교에서 일어나는 좋지 않은 일들을 부모님께 이야기하는 것에 대해 창피해하거나 부끄러워하지 말았으면 해. 사실을 이야기하고 부모님과 상의하는 것이 도움이 될 거야.

부모님은 항상 너희 편이고 도움을 주시는 분이거든. 늘 작고 사소한 것이라도 부모님과 이야기를 나누자.

학교에서의 문제는 가장 먼저 선생님과 이야기하는 것이 좋아. 선생님은 직접적인 해결을 하실 수 있으니까 좋은 해결책을 알려 주실 거란다. 그리고 학교에 관련해서는 어느 누구보다 잘 알고 계시는 분이기도 하니까 선생님과 가장 먼저 이야기 나누는 것이 좋을 거야.

학교에서는 선생님이 곧 엄마, 아빠니까.

5 내 꿈을 못 정할 때

시운: 나는 유엔 사무총장이 되어서 세계 평화와 가난한 사람을 위해 많은 일을 할 거야!

현서: 나는 의사가 되어서 돈이 없어 치료를 못 받는 아픈 사람들을 치료해 줄 거야!

꿈꾸는 자가 미래를 준비하고 꿈을 이룰 수 있단다. 하지만 대부분의 친구들은 꿈에 대해 깊이 고민하지 않으면서 소중한 시절을 그냥 보내는 경우가 많아 걱정이야. 물론 어린 시절의 꿈은 계속 변해. 어느 날은 연예인이 되고도 싶고, 어떤 날은 요리사가 되고도 싶지. 하지만 하고 싶은 것이 있다는 것이 중요해.

꿈은 무엇일까?

꿈을 단순하게 직업의 한 종류로 생각할 수도 있지만 무엇보다 중요한 것은 꿈을 이루어서 그 이상의 무엇을 하고 싶다는 비전을 제시하는 거란다. 단순하게 CEO가 되고 싶다든지, 연예인이 되고 싶다는 것도 좋지만 그것이 되어서 이루고자 하는 내용이 더욱 중요하지.

> 엄마, 아빠 : 시운이와 현서는 유엔 사무총장과 의사가 되겠다고 했는
> 데 지금도 그 꿈을 가지고 있어?
> 시운: 지금도 그렇기는 해요. 사실 저는 어떤 직업들이 있는지 잘 몰라요.
> 아빠: 아빠와 함께 직업의 종류에 대해 찾아볼까?
> 시운: 엄마, 아빠는 어렸을 때 뭐가 되고 싶으셨어요?
> 엄마: 꿈이 계속 바뀌었지만 어렸을 때는 무용가도 되고 싶었고, 선생
> 님도 되고 싶었지. 세상에는 정말 많은 직업이 있어. 꿈=직업은
> 아니지만 꿈의 일부가 직업이기는 해. 어떤 일을 하고 싶은지 찾
> 아가는 과정은 필요하지. 엄마, 아빠가 시운이의 꿈을 이루도록
> 도와줄게.

꿈을 늘 이야기하라!

부모님은 풍부한 경험과 삶의 지혜가 있기 때문에 너희의 꿈을 찾아가는
데 등대 같은 역할을 하실 거야. 부모님과 함께 내가 좋아하는 것과 잘하는
것을 찾아보고 그것을 발전시키기 위한 방법들을 이야기 나눠 보는 것이 중
요하단다.

그래야 내가 할 수 있는 것들에 대해 방향을 잡고 집중해서 그 분야에 몰
입할 수 있기 때문이지.

그러면 공부를 해야 할 이유를 찾을 수 있고 어느 학과를 진학해 공부를
해야 할지도 알 수 있단다.

그리고 꿈을 정했으면 그 꿈을 가족들과 항상 이야기 나누고 다른 사람들

에게 알려 봐. 나의 꿈을 부끄러워하거나 창피해할 필요는 전혀 없는 것이란다.

내가 생각하기에 꿈이 작고 형편없다고 생각할 수도 있겠지만 세상에는 너무나 다양한 직업을 가진 사람들이 있고, 사라지고 새로 만들어지는 직업 또한 많단다. 내가 감사하며 행복하게 일할 수 있는 것이 중요해!

그런 꿈을 찾고 나아가 보자!

6 부모님과 외식하고 싶을 때

> 서윤: 아, 맛있는 탕수육 먹고 싶다.
> 윤진: 난 피자!
> 서윤: 우리 오늘 외식하자고 말해 볼까?
> 윤진: 외식을 하고 싶기는 한데. 뭐 잘한 게 있어야 외식을 하자고 하지.

요즘은 외식을 하는 게 그렇게 특별한 일은 아닐 거야. 주말에 외식을 하거나 특별한 날이 아니어도 밖에서 식사를 하는 일이 많을 테니까. 외식을 하고 싶을 때 엄마나 아빠에게 외식하고 싶다고 말해 본 적 있니? 흔쾌히 그래, 나가자 하는 경우도 있겠지만 대부분은 집에서 먹자. 혹은 다음에라고 말씀하실 거야.

그럴 때는 어떻게 하면 좋을까?

> 서윤: 외식을 하려면 우리 생각만 해서는 안 돼!
> 윤진: 그럼 음식 생각을 해야지. 뭘 먹을 건지.

서윤: 그게 아니라 부모님과 같이 먹을 거니까 부모님 취향도 생각해야
　　　 된다는 이야기야.
윤진: 아, 그런 거야. 그럼 뷔페를 가면 어때? 모든 음식이 다 있잖아.
서윤: 그것도 우리가 결정할 게 아니지. 일단 외식을 가자고 말하려면
　　　 방 청소와 숙제를 다하는 것은 물론이고 혼날 일이 하나도 없어
　　　 야 돼. 그래야 외식을 가자고 말할 수 있을 것 같아.
엄마, 아빠 : 오, 옆에서 들으니 그럴듯한데.

부모님이 외식을 허락할 때

1. 축하받을 일이 있을 때

생일이거나 아니면 어린이날 같은 특별한 날에는 외식을 하는 일이 많아.
아무래도 1년에 한 번뿐인 날이니까. 이런 날 외식을 하게 되면 당연히 하
는 거라고 생각하지 말고 부모님께 꼭 감사 인사를 드리도록 해.

2. 칭찬받을 일이 있을 때

성적이 올랐다거나 대회에서 상을 탔다거나 누가 봐도 축하할 만한 일이
있다면 외식을 하기 쉬울 거야. 아니면 집안일을 많이 도왔거나 엄마, 아빠
가 하시는 일에 도움을 드렸다면 부모님이 칭찬을 하실 수도 있어. 그때 슬
쩍 우리 외식하자고 이야기할 수 있을 거야.

3. 부모님이 좋아하시는 메뉴로 외식 메뉴를 정했을 때

부모님도 드시고 싶은 게 있을 거야. 부모님과 너희가 먹고 싶은 게 같을

경우는 더없이 좋은 경우지만 그렇지 않을 경우에는 부모님이 드시고 싶은 것을 먹으러 나가자고 말해 보는 건 어때? 그렇다면 부모님도 너희가 부모님의 음식 취향을 잘 기억하고 있다고 생각하고 기뻐하실 거야. 그리고 전에는 먹지 않거나 편식을 했던 메뉴를 먹어 보겠다고 하면 외식하러 나가자고 먼저 말씀하실 수도 있어.

112

7 부모님께 칭찬받고 싶을 때

윤진: 엄마한테 칭찬받고 싶은데 칭찬을 안 해 주시네.

서윤: 내 방 다 정리했는데 칭찬해 주실까?

윤진: 엄마가 칭찬해 주시면 기분 좋은데.

서윤: 칭찬은 고래도 춤추게 한다잖아~

　부모님께 칭찬을 듣고 싶다면 너희가 먼저 부모님을 칭찬하는 것은 어떨까? 엄마, 아빠들은 칭찬을 하는 데 익숙하지 않은 분들이 많단다.

윤진: 아빠, 오늘 넥타이가 멋져요. 넥타이 선이 사선으로 있어서 그런지 아빠 얼굴이 커 보이지도 않고요.

서윤: 넥타이가 멋져요까지 이야기했으면 정말 칭찬인데 아쉽네.

윤진: 아빠 넥타이 정말 멋져요. 색이 환해서 아빠 얼굴색이 더 어두워 보이지만요.

서윤: 아, 정말! 아빠, 오늘 넥타이보다 아빠가 더 멋져요.

칭찬받을 일이 있어야 칭찬을 받는다!

칭찬을 받기 위해서는 칭찬받을 만한 무엇인가가 있어야겠지?

칭찬받을 거리를 찾는다면 우선은 내가 잘할 수 있는 것부터 해 보는 거야.

아침에 엄마, 아빠가 깨우지 않아도 스스로 알아서 일어나면 하루를 기분 좋게 시작하고 칭찬도 받을 수 있을 거야. 그리고 자기 방 청소를 스스로 해 보는 거야. 숙제도 스스로 척척 먼저 해 보는 건 어때?

칭찬을 좀 더 자주 주고받기 위해 칭찬 일기를 써 보는 건 어떨까? 하루 하루 있었던 일들 중에서 칭찬을 해 주었던 경험과 칭찬받을 일을 적어 보면서 엄마, 아빠의 칭찬을 들을 수 있는 기록장을 만들어 봐.

눈에 잘 보이는 곳에 붙여 놓고 매일매일 기록을 해 보자. 기록하는 자체로 칭찬을 받을 수도 있단다.

칭찬 일기		
기억	상대방을 칭찬한 일	내가 칭찬받을 일
년 월 일		
년 월 일		

이런 식으로 칭찬 일기를 기록하면서 나의 행동도 바르게 만들어 가고 엄마, 아빠의 칭찬도 이끌어 낼 수 있단다.

기억해야 해!

부모님도 칭찬받는 것을 무척 좋아한다는 것을. 그리고 부모님은 칭찬에 익숙하지 않아 많이 서툴기 때문에 너희가 먼저 칭찬을 해 드리면 좋다는 것을.

칭찬은 엄마, 아빠도 춤추게 한다!

엄마, 아빠 사용 10계명

1. 엄마, 아빠를 먼저 이해하라.

상대방을 잘 알고 좋은 관계를 유지하기 위해서는 올바른 이해가 먼저 이루어져야 합니다. 이해하지 못하고 자신의 주장만을 내세우면 결국 좋은 관계를 이룰 수 없어요.

2. 내 자신과 엄마, 아빠를 속이지 마라.

엄마, 아빠와의 따뜻한 관계 형성을 위해서는 자신은 물론 엄마, 아빠를 속이지 말아야 해요. 솔직함이 있어야 깊은 마음을 얻을 수 있습니다.

3. 모든 사소한 것들도 함께 이야기 나누자.

소통이라는 것은 대화의 시작에서 이루어집니다. 작고 사소한 일이라도 엄마, 아빠와 함께 이야기 나누면서 소통의 시간을 가져보는 것이 좋습니다.

4. 건강은 건강할 때 지키자.

사람이 살아가면서 부와 명예도 중요하지만 건강이 제일입니다. 혹시 가족 중에 누군가 아프게 된다면 가정은 근심이 가득 차게 됩니다.

5. 모든 것에 감사하라.

우리가 가진 것, 하고 있는 것, 숨 쉬는 것까지도 모두 감사한 것입니다. 가족들과 함께 있는 것을 감사하고 여러분 자신을 사랑하세요.

116

6. 형제자매와 다투지 마라.

아무리 좋은 환경에 있다 하더라도 형제자매와 다툼이 있다면 행복하지 못합니다. 서로 이해하고 조금씩 양보하면 다툼이 일어나지 않아요.

7. 어른들을 공경하라.

지금의 내가 있을 수 있는 것은 엄마, 아빠가 계셨기 때문입니다. 우리도 언젠가는 어른이 될 것이고 책임감을 갖게 될 것입니다. 그러니 어른들을 공경하세요.

8. 나의 꿈과 비전을 이야기하라.

엄마, 아빠가 바라고 원하시는 것 중 하나가 여러분이 꿈과 비전을 갖고 그것을 이루는 모습을 보는 거예요. 지금부터라도 큰 소리로 자신의 꿈과 비전을 이야기하세요. 어느 순간 그것이 이루어질 것입니다.

9. 내 자신을 위해 최선을 다하라.

내 자신의 성장과 성공을 위해 항상 최선을 다해야 합니다. 최선을 다한 모습은 비록 실패하더라도 그 모습이 아름답고 나중에라도 성공할 수 있는 밑거름이 되기 때문입니다.

10. 현재의 가족 안에서 행복함을 찾아라.

행복은 멀리 있는 것이 아닙니다. 지금 우리 가족 안에 소중한 행복이 있습니다.

[잠언 16:9] 사람이 마음으로 자기의 길을 계획할지라도 그의 걸음을 인도하시는 이는 여호와시니라.

대한민국에서 아들 둘을 키운다는 것은 어떤 마음일지 경험해 본 사람은 알 수 있다.

"왜 이런 말이 나왔을까?"라는 고민으로 시작하여 쓰기 시작한 글이 『엄마, 아빠 사용 설명서』이다. 이제 초등학교 5학년과 유치원생인 아이들의 성장을 바라보면서 나름 교육적 이론을 배우고 실천하는 교사의 입장에서 아는 것과 실천하는 것의 차이가 분명 있다는 것을 삶에서 배우고 다양한 소통의 방법을 고민해 보았다.

"왜 이걸 모르지?", "왜 이런 행동을 하지?", "아~ 답답해!", "넌 누구 닮아서 이래?" 늘 머릿속에서 맴돌던, 때로는 입 밖으로 나와 아이에게 은연중에 상처를 주었던 말들을 생각하면서 내 생각과 행동이 변해야겠다는 생각을 하게 되었고, 아이들이 이해하기 쉽게 부모님의 마음을 상황별로 정리하고 이야기하다 보면 부모와 자녀와의 관계 개선에 도움이 될 듯싶었다.

『엄마, 아빠 사용 설명서』는 남의 이야기가 아니라, 내 삶의 반성이고 자녀 교육에 대한 경험의 나눔이다. 여기서 언급하는 내용들이 모든 가정에 공식처럼 적용되기는 쉽지 않을 것이다. 다만 객관적 입장에서 취사선택(取捨選擇)의 여부는 부모의 몫이다. 아이들에게만 읽게 할 것이 아니라 부모님이 먼저 읽어 보시고 우리 가정에 맞게 아이들과 이야기를 나누는 실천이 중요하다.

호치민에서의 첫해 큰 아이와 단 둘이 보냈던 경험이 아이에게 소중한 자산이 될 수 있기를 바라면서 책에서 이야기하는 많은 내용들을 실천하고 적용하며 관계 형성에 집중했다. 최근 'frienddy(프렌디)'라고 하는 friend와 daddy의 합성어인 '친구 같은 아빠'라는 용어가 유행처럼 번지고 있다. 가정의 변화 모습을 나타낸다고 할 수 있다. 이 글에서 언급하는 내용들은 부모가 원하는 아이의 행동 변화만을 말하는 것이 아니라, 그와 관련된 부모의 변화를 말하는 것이다. 내가 변하지 않으면서 남을 바꿀 수는 없는 것이다. 자녀는 부모의 모습을 보고 배운다. 나부터 실천해야 하는 것이다.

『엄마, 아빠 사용 설명서』를 통해 부모의 마음을 이해할 수 있는 자녀들의 이야기를 나누었다면, 다음은 자녀의 마음과 상태를 알 수 있는 글로 마무리하고 싶다. 세상은 차디차게 변해 가지만 우리 가정에서 온화한 행복의 꽃이 피어난다면 그 향기가 세상을 따뜻하고 향기롭게 변화시키리라 생각한다. '가화만사성(家和萬事成)'이라 하지 않았던가? 가정이 살아야 사회가 사는 것이다. 가정에서의 회복이 절실한 시대를 살아가는 우리에게 『엄마, 아빠 사용 설명서』가 작은 실천서가 되었으면 한다.

이 글이 나올 수 있도록 부족한 나를 추천해 주신 '대마왕 차승민' 선생님께 감사드린다. 또한 사람 하나 보고 믿음으로 계약하고 출판까지 무한 신뢰를 주신 '고래가숨쉬는도서관' 사장님 이하 관계자 분들에게 감사드리고, 좋은 평으로 추천사를 써 주신 모든 분들께 감사드린다. 마지막으로 글을 쓰는 동안 개인적 시간을 허락해 준, 이 글이 나올 수 있도록 함께해 준 소중한 우리 가족 조희, 공시운, 공현서 사랑하고 감사한다.